Leichter Studieren

Michael Burchardt

Leichter studieren

Wegweiser für effektives wissenschaftliches Arbeiten

Vierte, ergänzte und aktualisierte Auflage

BWV • BERLINER WISSENSCHAFTS-VERLAG

Bibliografische Information der Deutschen Nationalbibliothek

Die Deutsche Nationalbibliothek verzeichnet diese Publikation in der Deutschen Nationalbibliografie; detaillierte biobliografische Daten sind im Internet unter http://dnb.d-nb. de abrufbar.

ISBN 3-8305-1035-7

Vorwort zur vierten Auflage

Die weiter zunehmende Verbreitung und Nutzung der Online-Möglichkeiten haben abermals eine gründliche Überarbeitung und Aktualisierung des Buches erforderlich gemacht. Betroffen davon sind naturgemäß die Lektionen zu Bibliotheken und Katalogen, zu PC-gestützten Arbeitstechniken, der Arbeitsplatzgestaltung sowie zur Niederschrift der Arbeit einschließlich der Online-Zitierweise. Erstmals wird dabei auch das Thema des 'digitalen Plagiarismus' angesprochen, mit dem sich die Lehrkräfte an Universitäten wie Fachhochschulen zunehmend konfrontiert sehen bzw. herumplagen müssen. Trotz einiger Straffungen und Kürzungen hat sich der Umfang des Buches durch die Einbeziehungen der zusätzlichen Aspekte und Neuerungen insgesamt leicht erhöht. Auf jeden Fall ist die Neufassung durch die zahlreichen Aktualisierungen jetzt wieder 'auf der Höhe der Zeit'.

Für Anregungen, aber auch für konstruktive Kritik von kollegialer ebenso wie von studentischer Seite, hier hat vor allem Frau cand. rer. pol. Michaela Heinrich wertvolle Unterstützung geleistet, möchte ich an dieser Stelle meinen Dank aussprechen. Sie haben zu mancher Verbesserung des Buches im Detail beigetragen.

Berlin, im Mai 2006

Michael Burchardt

Inhalt

Zur Einstimmung

... eine wohlgemeinte Warnung in Form eines Tagebuchauszuges. Es ist u.a. Ziel des Buches, den Leser vor diesen oder ähnlichen Erfahrungen zu bewahren:

»Aus dem Tagebuch eines Wirtschaftswissenschaftlichen Doktoranden[1]

von
H.W.

13. März: Bin durch! Zähestes Ringen herrlich belohnt: Vater gefunden, für meine Dissertation. Das Schwerste ist geschafft. Fange morgen an.

14. März: Mit Lissy in Ferien. Erholung dringend notwendig.

18. April: Gliederung der Dissertation vollständig im Kopf.

25. April: Material angefordert. Ratschläge von erfahrenen Alt- und Uralt-Doktoranden angehört. Hoffe auf Wintertermin.

3. Mai: Literatur gelesen. Auszüge gemacht.

11. Mai: Alte Dissertationen eingesehen, weiß jetzt, wie man es macht. Mit 'know how' ist praktisch alles geschafft.

23. Juli: Auf interessantes Problem gestoßen. Bin begeistert.

24. Juli: Mit Lissy in Ferien, dringend erholungsbedürftig.

5. August: Katastrophe: Problem schon in anderer Dissertation behandelt!

10. September: Komme mit Hilfe von Lissy wieder zu mir: Wenn ich Thema auf 3 % der ursprünglichen Forschungsplanung konzentriere und radikal spezialisiere, bleibt dissertationswürdiger Brocken übrig!

Oktober, November, Dezember: Auszüge gemacht.

Januar: Hoffe auf Sommertermin.

10. Januar: Mit Lissy in Ferien, dringend erholungsbedürftig.

Ende Februar: Hochzeit mit Lissy.

---

[1] Abgedruckt mit freundlicher Genehmigung des J.C.B. Mohr Verlages, Tübingen.

13. März: Jahrestag meines Dissertationsbeginns schlicht gefeiert.

3. April: Erste Niederschrift begonnen. Das Schwerste liegt hinter mir.

18. Mai: Professor gesprochen. Staunte über mein schnelles Arbeiten. Gab neue Literatur an.

14. Juni: Literatur gelesen, Auszüge gemacht. Werde vielleicht Wintertermin schaffen.

30. Juli: Neue Erkenntnisse gewonnen und in drei bedeutsamen Anmerkungen phantastisch untergebracht.

3. August: Mit Lissy Ferien gemacht. Lissy in Schreibmaschine diktiert.

5. September: Diktiert bis Zweiter Teil C V d 3 a) Ziff. 16.

10. Oktober: Unterbrechung durch Geburt unseres Sohnes. Wollen ihn Universitas nennen.

11. Oktober: Standesbeamter lehnt Namen ab. Unverständlich. Geistiges Niveau der bundesrepublikanischen Bürokratie offensichtlich stark notleidend. Wo bleibt kulturelles (geschweige finanzielles) Verständnis für wissenschaftlichen Nachwuchs?

18. Oktober: Letzte Dissertationsseite des Entwurfs selbst getippt. Das Schwerste ist jetzt endgültig geschafft.

19. Oktober: Mit Lissy und Sohn in Ferien. Dringend erholungsbedürftig.

14. Januar: Arbeit abgegeben. Erreiche sicher Sommertermin.

9. Februar: Professor überlastet; hat keine Zeit, meine Arbeit zu lesen.

13. März: Zweiten Jahrestag meiner Dissertation schlicht gefeiert.

April: Dissertationsentwurf von Professor noch immer nicht gelesen.

Mai: Dito. Hoffe trotzdem fest und unerschütterlich auf Wintertermin!

3. Juni: Professor gesehen. Er mich nicht. Schlimmes Zeichen.

1. Juli: Arbeit zurückbekommen; hätte vergessen, Beziehungen zu Non-Linear-Programming zu untersuchen und das Ganze auf Monte-Carlo-Theorie und Minima-Maxima-Theorem zu fundieren. Soll außerdem die Ergebnisse der einschlägigen Forschung in der älteren Scholastik heranziehen.

August bis Januar: Konnte exakt nachweisen, dass die ältere Scholastik für mein Spezialproblem unergiebig. Entsprechende Anmerkung in mehrwöchiger Nachtarbeit (Lissy sehr böse) schweißtreibend, aber logisch unwiderleglich ans Licht befördert.

14. Januar: Arbeit erneut abgegeben, hoffe auf Sommertermin.

23. Februar: Professor hat Arbeit im Wesentlichen genehmigt. Die notwendige gründliche Überarbeitung soll ich nach dem Mündlichen vornehmen. Professor rät mir, auch Korreferenten mit Arbeit bekannt zu machen.

2. März: Dem Korreferenten Arbeit vorgelegt und in gefälliger Form, ehrerbietig aber geschmeidig, um Vor-Beurteilung gebeten.

13. März: Mit Lissy und Sohn in Ferien. Dringend erholungsbedürftig.

8. September: Korreferent Arbeit gelesen. Vollständig verworfen. Hoffnung auf Wintertermin endgültig im Eimer. Zusammenbruch nahe, von Lissy getröstet.

Oktober - Februar: Dissertation vollständig umgebaut; weiß aber nicht, ob Erstreferent mit jetzigem Ergebnis einverstanden. Vielleicht erreiche ich aber doch noch den Sommertermin?

13. März: Vierten Jahrestag meiner Dissertation schlicht gefeiert. Lissy wegen Vernachlässigung wieder etwas böse.

16. Juni: Glückliche Änderung der Situation: Konnte in zwei Anmerkungen Korreferenten zitieren! Auspizien jetzt nach *dieser* Seite hoffnungsvoll, ja, gut! Hoffentlich stößt sich aber nunmehr Erstreferent nicht an übertriebener Heranziehung von Auffassungen des Korreferenten!

September - Weihnachten: Lissy neue Fassung in Maschine diktiert. Hoffe auf Sommertermin.

28. Februar: Dissertation auch von Korreferenten genehmigt.

1. März: Von Doktorvater auf drei Neuerscheinungen aufmerksam gemacht. Hoffnung auf Wintertermin gefährdet.

13. März: Fünften Jahrestag meiner Dissertation schlicht gefeiert. Lissy versprochen, dass unser Sohn nie promovieren darf.«

Nach dem Entwurf eines Unbekannten überarbeitet
und 'angereichert' von H.W.

Zur Einführung

"Ich habe keine außergewöhnliche Begabung,
ich bin nur etwas skeptischer und vielleicht
auch etwas neugieriger als andere Leute!"

Albert Einstein

Wer kann Nutzen aus dem Buch ziehen?

Dieses Buch richtet sich in erster Linie an Lernende und Lehrende an Hochschulen. Es mag aber auch für Kurse oder Arbeitsgruppen an gymnasialen Oberstufen von Nutzen sein, soweit diese bereits auf eine akademische Lernfortsetzung vorbereiten. Es werden hochschulspezifische Arbeitsformen, allgemeine Lern- und Studientechniken, Grundsätze der Erstellung wissenschaftlicher Ausarbeitungen einschließlich der Form der Quellenangaben sowie Möglichkeiten zum leichteren Bestehen von Prüfungen behandelt.

Im Gegensatz zur üblichen Schulpraxis soll im Laufe eines (Fach-) Hochschulstudiums die Fähigkeit erlernt werden, Inhalte überwiegend *selbst erarbeiten* zu können. Dies bedingt intensive und systematische Auseinandersetzung mit der aktuellen Literatur und schlägt sich in Form von schriftlichen Ausarbeitungen (Exzerpten, Haus-, Seminar- oder Diplomarbeiten) nieder, die unter Umständen auch mündlich vorzutragen (Referat, Vortrag) bzw. vor 'erlauchter' Zuhörerschaft zu verteidigen sind (Disputation, Podiumsdiskussion). Da solche Arbeitsformen während der Schulzeit jedoch nur ausnahmsweise bzw. vereinzelt vorkommen, geschweige denn systematisch (ein-)geübt werden, treten diesbezüglich - gerade zum Studienbeginn - immer wieder Probleme und Schwierigkeiten auf, für deren bessere Bewältigung dieses Buch Hilfestellung leisten will.

Der Untertitel 'Wegweiser' will andeuten, dass es weniger um die Darstellung von Details, sondern vorrangig darum geht, die wichtigsten Aspekte des wissenschaftlichen Arbeitens, seine Formen, Möglichkeiten und Chancen zu umreißen und auch versteckte Gefahren aufzuzeigen, die einem effektiven und erfolgreichen Studium abträglich sein könnten. Die zum Teil skizzenhafte Darstellung ist dabei bewusst gewählt worden, um den Überblick über die verschiedenen Teilaspekte der Thematik zu behalten und sich nicht in Einzelfragen und Randproblemen zu verlieren.

Übersicht über die einzelnen Lektionen

Die *erste Lektion* beginnt mit einigen allgemein gehaltenen Überlegungen zum wissenschaftlichen Arbeiten. Ausgegangen wird von der Frage, was das spezifisch 'Wissenschaftliche' an dieser Lern- und Arbeitsweise ausmacht und wie es sich von der alltäglichen bzw. bisher überwiegend praktizierten Lern- und Arbeitstechnik unterscheidet. Im Anschluss daran werden einige psychologische Aspekte des Lern- und Konzentrationsprozesses *(Lektion 2)* thematisiert.

Da der Lernvorgang an den Hochschulen in der Regel durch Vorlesungen oder ähnliche Veranstaltungsformen initiiert wird, folgen zunächst einige Tipps zur Mitschreibetechnik im Unterricht *(Lektion 3)*, deren erfolgreiche Umsetzung nicht zuletzt von den - höchst unterschiedlich ausfallenden - Talenten der Lehr- bzw. Vortragspersonen bzw. den unterrichtsbegleitenden Unterlagen abhängig ist.

Des Weiteren schließen sich einige Anmerkungen zu Bibliotheken und Katalogen sowie ein paar wissenswerte Informationen über Bücher und andere Publikationsformen an *(Lektion 4)*, auf die jeder Student von Beginn seines Studiums an - Internet hin oder her - zurückgreifen muss.

Im nächsten Kapitel geht es um Aspekte der Einrichtung eines ständigen Arbeitsplatzes *(Lektion 5)*. Danach werden die spezifischen Vorteile herausgestellt, die der Gebrauch eines PC (Personal Computer) mit sich bringt *(Lektion 6)*, sowie seine wichtigsten Einsatzmöglichkeiten im Studienbereich aufgezeigt.

Lektion 7 beschäftigt sich mit Arbeitsplanung und -methodik. In Zusammenhang damit geht es nicht zuletzt um die Frage, ob man eher dazu tendiert, für sich allein oder lieber im Team zu lernen, und inwieweit es - zumindest partiell - vorteilhaft ist, sich Gruppen anzuschließen bzw. solche selbst ins Leben zu rufen *(Lektion 8)*.

Die nächsten drei Lektionen behandeln Aspekte der Lesetechnik und der Verarbeitung gelesener Literatur. Zunächst wird kurz der Frage nachgegangen, ob oder inwieweit sich die individuelle Lesegeschwindigkeit steigern lässt, und wie es gelingt, einen Text zügig zu überblicken - wenn man so will: 'diagonal zu lesen' *(Lektion 9)*. Sinnvoll gesetzte Markierungen, An- bzw. Unterstreichungen oder Randzeichen können sich hierbei als durchaus hilfreich erweisen, insbesondere wenn es darum geht, die Struktur eines Textinhaltes festzuhalten, um ihn bei erneutem Zugriff - etwa einige Wochen oder Monate später - rascher wieder präsent zu haben *(Lektion 10)*. Schließlich wird es in vielen Fällen unerlässlich sein, sich über das Gelesene Aufzeichnungen zu machen oder ganze Teile davon zu exzerpieren. Hier gibt es manchen Tipp zu beachten, der Zeit ersparen kann bzw. die Übersicht behalten lässt *(Lektion 11)*.

Lektion 12 wendet sich der inhaltlichen Ausarbeitung eines Themas zu. Der Leser wird mit den wichtigsten Grundsätzen wissenschaftlichen Arbeitens wie Redlichkeit, Objektivität, Argumentationsstichhaltigkeit u.ä. vertraut gemacht. Eine nicht zu vernachlässigende Rolle spielt bei Haus- oder Diplomarbeiten auch die Frage der geeigneten Themenwahl, sofern sie dem Studierenden selbst freisteht *(Lektion 13)*.

Im Folgenden werden Aspekte der Gliederung der Arbeit behandelt. Hier sind von der ersten Arbeitsgliederung bis zur endgültigen Formulierung der Gliederungspunkte verschiedene Stufen und Gliederungstechniken zu unterscheiden *(Lektion 14)*.

Für die Niederschrift der Arbeit gilt es, einige Strategien des Herangehens kennen zu lernen und die jeweils für sich am geeignetsten erscheinende(n) auszuwählen *(Lektion 15)*.

Grundlegend für die schriftliche Ausarbeitung ist die korrekte Angabe der Quellen, also derjenigen Literaturstellen (oder auch anderer Materialien), aus welchen man - wörtlich oder sinngemäß - Passagen übernommen und in die eigene Argumentation eingebaut hat *(Lektion 16)*. Hier geht es vor allem darum, das rechte Maß zwischen renommiersüchtiger Übertreibung und plagiatverdächtiger 'Reserviertheit' zu finden. Die Form der Quellenangaben hat dabei so zu erfolgen, dass *Eindeutigkeit* und *Einheitlichkeit* stets gewährleistet sind. Diese Lektion bildet einen der zentralen Schwerpunkte des Buches und nimmt daher breiteren Umfang als die übrigen ein.

Im Zusammenhang mit der Verweistechnik werden einige spezifische Abkürzungsmöglichkeiten vorgestellt und auch Fragen der Zitierweise von Internet- bzw. Online-Quellen angesprochen. Dabei wird auch die

Problematik des weit verbreiteten digitalen Plagiarismus thematisiert *(Lektion 17).*

Neben Haus- und Diplomarbeiten kennt - vor allem der universitäre - Unterrichtsrahmen noch weitere Formen wissenschaftlicher Ausarbeitungen: Referate, Thesenpapiere, Protokollanfertigungen u.ä. Bei diesen sind Besonderheiten zu beachten, die ihren jeweiligen spezifischen Funktionen entspringen *(Lektion 19).*

Lektion 20 geht schließlich auf Prüfungsleistungen wie Klausuren und mündliche Prüfungen ein. Natürlich dürfen hier keine 'Geheimtipps' zum sicheren Bestehen von Prüfungen erwartet werden. Gleichwohl gilt es, gewisse grundlegende, nicht zuletzt auch psychologische bzw. psychosoziale Aspekte zu beachten, die zum besseren Bestehen und vor allem zur Vermeidung potenzieller Panik zu verhelfen vermögen.

Gegenstand der letzten Lektion bilden Fragen und Probleme der allgemeinen Diskussionstechnik *(Lektion 21)*, die nicht nur für Teilnehmer an Seminaren von Interesse sein dürften. Die dort zu findenden Hinweise lassen sich auch bei anderen Lehrformen sowie nicht zuletzt außerhalb des Hochschulbereichs effektvoll umsetzen. Die berüchtigte Erkenntnis, dass einem immer erst hinterher die treffenden Argumente oder Strategien einfallen, die man hätte bringen bzw. einschlagen sollen, kann als sicheres Indiz dafür gelten, dass es hier manches zu verbessern gibt. Da man oft erst im nachhinein feststellt, dass man auf einen einfachen inhaltlichen oder rhetorischen Trick des Diskussionsgegners hereingefallen ist, soll die Lektüre dieses Kapitels dem Leser verhelfen, Strategien, Tricks und rhetorische 'Bluffs' anderer Diskussionsteilnehmer rascher durchschauen, einschätzen und gegebenenfalls für sich selbst nutzen zu können.

Das Buch wird abgerundet durch eine kurze Zusammenfassung der wichtigsten Empfehlungen aus den einzelnen Lektionen (*'Zu guter Letzt'*), die allerdings überwiegend erst im Kontext mit der Lektüre der jeweiligen Kapitel voll verständlich werden, sodass ein unmittelbares Vorblättern ungeduldiger Leser dorthin relativ wenig Nutzen verspricht.

Ein Wort an das 'Quotengeschlecht'

Abschließend eine allgemeine Anmerkung zur geschlechterspezifischen Schreibweise: Es beweist m.E. keinen guten Schreibstil, geschlechtsspezifische Begriffe immer zweifach zu formulieren (z.B. Studentinnen und Studenten) bzw. auf die unschönen, umständlichen Schrägstriche (Student/inn/en[2]) zurückzugreifen. Dass es neben männlichen auch weibliche Studierende und Lesende - ebenso wie vermutlich auch umgekehrt - gibt, ist trivial. Soll die Sprache nicht holprig wirken, bleibt nur die Wahl, in der einen oder der anderen Form zu schreiben oder soweit als möglich neutrale Begriffe zu finden (Lehrperson, Lehrende und Lernende o.ä.). Vertrauter ist allerdings die 'männliche Form'[3] der hier gemäß dem üblichen grammatikalischen Brauch gefolgt wird[4]. Es gibt sicherlich mehr liberale Leserinnen, die dies ähnlich und vor allem gelassener sehen, als manche sich und anderen das einreden wollen.

---

[2] Das mancherorts verwendete große 'I' ('StudentInnen') erscheint ebenso deplatziert. Man kann es faktisch nicht vorlesen bzw. aussprechen, ohne dabei zugleich die gesamte männliche 'Rasse' zu übergehen bzw. zu ignorieren. Allerdings kann man sich zuweilen des Eindrucks nicht erwehren, dass manche Benutzerin dieser Schreibweise genau dies intendiert!

[3] Alles in weiblicher Form zu verfassen, klänge z.Zt. jedenfalls für die meisten Ohren recht befremdlich, wenngleich grundsätzlich nichts dagegen spräche. Frau höre folgenden Satz: Marx unterschied zwei gesellschaftliche Klassen: Proletarierinnen und Kapitalistinnen!

[4] Damit sei der Zusammenhang von Herrschaftsverhältnissen (im wahrsten Sinne des Wortes) und Sprache keineswegs geleugnet. Daran aber sogleich 'chauvinistisches', konservatives oder gar 'typisches Macho-Denken' festmachen zu wollen, scheint - mit Verlaub - schlicht überzogen.

LEKTION 1: Wissenschaftlich Arbeiten - was heißt das?

"Wissenschaftliche Betätigung beginnt mit fragendem Staunen."
Ernst Bloch

Was tut jemand eigentlich, der wissenschaftlich arbeitet?

Um diese Frage beantworten zu können, setzen wir am besten beim Wissenschaftsbegriff selbst an. Schlagen wir zunächst in einem - populären - Lexikon nach, was dort zu diesem Stichwort geschrieben steht. Es sei ...

> *"der Inbegriff des durch Forschung, Lehre und überlieferter Literatur gebildeten, geordneten und begründeten, für gesichert erachteten Wissens einer Zeit[5]; auch die für seinen Erwerb typische methodisch-systematische Forschungs- und Erkenntnisarbeit sowie ihr organisatorisch-institutioneller Rahmen."*
> (dtv-Lexikon, Bd. 20, München 1995, S. 120)

Wissenschaftliches Arbeiten bedeutet demnach *planvoll, d.h.* vor allem *systematisch* und *methodisch* an eine Frage- oder Problemstellung heranzugehen, was in der Regel im Hinblick auf ein - meist vorgegebenes - Lern- oder darüber hinausgehendes Erkenntnisziel geschieht. Das klingt recht anspruchsvoll; was bedeutet es konkret?

[5] Einen anschaulichen Eindruck über die Vielfalt an wissenschaftlichen Disziplinen und Teilgebieten vermittelt übrigens ein Blick in die Vorlesungsverzeichnisse großer Universitäten.

Als Beispiel für die wissenschaftliche Inangriffnahme einer Sache mag die Zerlegung des wissenschaftlichen Arbeitsprozesses selbst dienen. Hier könnte man z.B. zwischen mehreren Stufen unterscheiden:

- der *Initialstufe*: durch Eigen- oder auch Fremdmotivation kommt der Arbeitsprozess in Gang;
- der *Zielstufe*: selbständige Zielformulierung bzw. -findung oder Vorgabe des Ziels von außen;
- der *Ausführungsstufe*: Festlegung der Vorgehensweise, Sammlung des Materials, Ordnen nach zielbezogenen Kriterien, Auswertung; und schließlich ...
- der *Ergebnisstufe*: Formulierung und Präsentation der Ergebnisse einschließlich ihrer Herleitung und Begründung in Form von Berichten, Haus- oder Diplomarbeiten, Publikationen o.ä.

Ob solche Differenzierung der Ablaufstufen wissenschaftlichen Arbeitens weiterführende Einsichten vermittelt, mag dahingestellt bleiben. Was sie allein veranschaulichen soll, ist die Art der wissenschaftlichen Aufbereitung einer Sache, hier eben des Vorgangs des wissenschaftlichen Arbeitens selbst.

Problemlösungswissen statt Faktenreproduktion

Der Übergang von der Schule zur (Fach-)Hochschule ist in der Regel mit dem Sprung vom passiv-rezeptiven zum *aktiv-kreativen Lernen* und Arbeiten verbunden. Nicht mehr bloßes 'Nachbeten' des Stoffes wird erwartet, sondern die *Selbsterarbeitung der Inhalte* soll erlernt werden, zumindest in weiten Bereichen. Das heißt, dass auch das Lernziel selbst eine Wandlung erfährt: Es geht nicht mehr nur um die bloße Reproduktion von 'Fakten', sondern vielmehr um den *Erwerb von Problemlösungswissen*. Es gilt die Fähigkeit zu erlernen, mit Hilfe des Grundwissens relevante Probleme des Fachgebiets als solche zu erkennen, sie ihrem Stellenwert gemäß einzuordnen und zu gewichten sowie schließlich einen oder mehrere Lösungswege vorschlagen bzw. Alternativen aufzeigen zu können.

In nahezu allen wissenschaftlichen Disziplinen gibt es gleichwohl zahlreiche Teilgebiete und propädeutische[6] Fächer, in denen es vorrangig nur um bloße Aneignung von Daten, Definitionen und feststehenden Zusammenhängen sowie um die Erlernung bestimmter Lösungstechniken für vorgegebene Aufgabenstellungen geht. Sie tragen in der Regel wissensvorbereitenden Charakter und nehmen innerhalb des betreffenden Fachgebietes Hilfsfunktionen für die Aufarbeitung der zentralen Fragen und Probleme und deren Analyse wahr. Das Erlernen von Problemlösungswissen tritt in solchen Fällen naturgemäß in den Hintergrund.

Die praktische Umsetzung dieses Lernschritts zur Selbsterarbeitung bzw. Problemlösungswissen fällt den meisten allerdings recht schwer. Aus dem vertrauten Klassenverbund gerissen, weder den Studiengang, geschweige denn den Lehrstoff oder die Prüfungsanforderungen klar vor Augen und entsprechend desorientiert, sieht sich der Studienanfänger plötzlich ganz auf sich gestellt. Um sich herum die Menge der Kommilitonen, die alle irgendwie besser eingeweiht zu sein scheinen, einem gleichwohl aber auch nicht sagen können, wie hoch die Anspruchstrauben der *alma mater* eigentlich hängen. Die Verunsicherung wird obendrein dadurch verstärkt, dass die widersprüchlichsten Gerüchte kursieren und ein anonymer und sich weitgehend unnahbar gebender Lehrkörper für persönliche Orientierungshilfen nicht zur Verfügung zu stehen scheint.

Dialog statt Frontalbeschallung

Die Schwierigkeiten setzen sich fort mit den Lehrveranstaltungen selbst. An die schulische Unterrichtsform gewöhnt, tendieren die meisten Studierenden auch an der Hochschule zur passiven (Konsum-)Haltung. Dies führt nicht selten dazu, dass es in den Lehrveranstaltungen zu bloßer 'Frontalbeschallung' kommt, die ein Spötter einmal so charakterisierte:

"Wenn alles schläft und einer spricht,
nennt man das Ganze Unterricht!"

---

6 Propädeutik = vorbereitender Unterricht; Vorbereitungswissen(schaft).

Eine solch einseitige Unterrichtsform ist aber nicht allein der Lehrkraft anzukreiden. Vielmehr wünscht oder getraut sich in diesen Fällen keiner der Lehrveranstaltungsteilnehmer etwas zu sagen, so dass zwangsläufig nur die Lehrperson redet. Die missliche Situation ist auch nicht einfach dadurch aufzubrechen, dass der Vortragende etwa Thesen in den Raum stellt und die Teilnehmer zur Diskussion auffordert. Nicht selten besteht die einzige Reaktion darauf in einem allgemeinen, betretenen Schweigen. Auch wenn unmittelbar Fragen an die Zuhörerschaft gerichtet werden, senken sich häufig nur die Köpfe - aus Angst, wie einst in der Schule 'rangenommen' zu werden. Die meisten würden nur etwas sagen, wenn sie sich ihrer Sache völlig sicher sind. Bei der geringsten Unsicherheit schweigt man lieber, um sich auf keinen Fall der Gefahr einer potenziellen Blamage auszusetzen. Einzige - eher unangenehme - Ausnahme bilden die 'Oberschlauen', denen es primär darum geht, sich vor dem Auditorium zu präsentieren, und dabei so tun, als 'blickten sie voll durch' bzw. hätten alles verstanden und könnten zu jeglichem 'ihren Senf dazu geben'. Fragen stellen sie nur, um den anderen zu zeigen, wie schlau sie doch sind. Es bedarf schon eines gewissen didaktischen Geschicks der Lehrkraft, etwa mittels einer lebendigen und dem Inhalt angemessenen Unterrichtsmethodik, die Studierenden zur aktiven Teilnahme und Mitarbeit zu motivieren. Eine solche Methodik zu entwickeln bzw. anzuwenden, gehört zwar zu den vornehmlichen Aufgaben der Lehrkräfte; gleichwohl erweisen sich viele von ihnen diesem Anspruch kaum gewachsen[7].

Von den Studierenden wird allerdings die Bereitschaft zur aktiven Teilnahme am Unterricht erwartet, d.h. vor allem: konzentriert zuhören, mitdenken, gezielt mitschreiben, bei Unklarheiten nachfragen, sachbezogene Redebeiträge oder auch inhaltliche Ergänzungen liefern und anderes mehr.

---

[7] Als gewisse 'Entschuldigung' dafür mag gelten, dass Professoren - im Gegensatz etwa zu Schullehrern - weder eine pädagogische noch eine didaktische Ausbildung durchlaufen. Das ist zwar bedauerlich, aber ein Faktum. Wie die Studierenden meist schon nach wenigen Unterrichtswochen erfahren, fallen die Ergebnisse der überwiegend autodidaktisch angeeigneten Lehrtechniken dabei höchst unterschiedlich und mitunter recht skurril aus (s. dazu die Kurzcharakterisierung ausgewählter Lehrtypen in *Lektion 3*).

Lehre und Lernen als wechselseitiger Prozess

Lernen erfolgt grundsätzlich in drei Stufen:

1. Stufe: *Vermittlung des Stoffs*, meist durch Dozentenvortrag, aber auch mittels Lektüre oder Vortrag von Seminarpapieren seitens der Kursteilnehmer, Literaturstudium usw.

2. Stufe: *Eigene Be- und Verarbeitung*, d.h. Mitschriften überarbeiten, systematisieren und ins Reine setzen; Nacharbeiten des Stoffs anhand der angegebenen (oder weiterer) Literaturquellen; Anfertigen von Exzerpten; Festhalten von Unklarheiten und Formulierung entsprechender Fragen usw.

3. Stufe: *Rückkopplung*, d.h. Reden über den Stoff, insbesondere über unklar gebliebene Punkte oder Fragen, zunächst mit anderen Lehrveranstaltungsteilnehmern, dann - gegebenenfalls - im Tutorium (das sind lehrveranstaltungsbegleitende Übungen, die von Studenten höheren Semesters durchgeführt werden) und schließlich zwecks endgültiger Klärung erneute Einbringung in die Lehrveranstaltung bzw. Rücksprache mit dem Dozenten.

LEKTION 2: Lernen - Motivation, Konzentration, Gedächtnis

"Lernen ist wie Schwimmen gegen den Strom; wer damit aufhört, fällt zurück!"
Mark Twain

Wie geht Lernen vor sich?

Alles, was wir wahrnehmen, sei es durch Beobachtung, Hören, Lesen oder andere Formen des Aufnehmens, versuchen wir in unseren (bisherigen) Erfahrungsschatz einzuordnen. Alle Impulse werden nach einer bestimmten Systematik - sei es bewusst oder unbewusst - verarbeitet, d.h. entweder in bereits vorhandene oder aber eigens dafür eingerichtete 'Schubfächer unseres Gedächtnisschrankes' einsortiert. Dort lagern sie dann - je nach subjektivem Gedächtnisvermögen und/oder korrigierenden Erfahrungen - für mehr oder weniger längere Zeit.

Können wir etwas nicht so recht einordnen, sind wir verunsichert und versuchen, uns dieses Negativgefühls zu erwehren bzw. es zu überwinden. Dabei wird im Allgemeinen auf zwei beliebte Strategien zurückgegriffen:

- Entweder stempeln wir das Unbekannte oder Ungewohnte einfach als irrelevant ab und legen es beiseite bzw. verdrängen es schlicht. Das ist der leichtere, wenngleich weniger befriedigende Weg.
- Oder wir versuchen, das Neue unserem vertrauten Denkmuster einzupassen, allerdings nicht ohne es zuvor entsprechend 'zurechtmodifiziert' zu haben.

Beide Vorgehensweisen sind, wie gleich näher zu erläutern sein wird, der Lernfähigkeit abträglich.

Welche Faktoren beeinflussen das Lernen?

Im Allgemeinen besteht Einmütigkeit darüber, dass die folgenden Faktoren einen wichtigen Einfluss auf das Lernergebnis ausüben:

- Motivation,
- Konzentration,
- die Fähigkeit, Texte rasch aufzuschlüsseln,
- die individuelle Wahrnehmungspräferenz sowie
- Gedächtnistraining.

Motivation: Ein bisschen Neugier kann nicht schaden!

Zwei Arten der Motivation sind grundsätzlich zu unterscheiden: primäre und sekundäre.

Primäre nennen wir die selbstbestimmte, d.h. dem Eigeninteressen der Person entspringende Motivation. Im Gegensatz dazu bezeichnet *sekundäre* Motivation solche, die tendenziell fremdbestimmt ist, z.B. durch Prüfungsanforderungen, Berufsvoraussetzungen oder ähnliche Formen äußerer Vorgaben.

Dass der Lernerfolg des einzelnen von seiner Motivation entscheidend abhängt, braucht wohl kaum besonders betont zu werden. Naturgemäß verleiht Eigenmotivation einen stärkeren Anreiz als von außen kommende. Somit kommt es vor allem darauf an, *sekundäre in primäre Motivation zu verwandeln*. Das bedeutet konkret, dass alle Lernanstrengungen, die ihre Kraft nicht unmittelbar aus dem Eigeninteresse schöpfen, sondern auf äußeren Druck oder Vorgaben hin erfolgen, in Eigenansporn zu überführen sind. Das ist leichter gesagt als getan. Hilfreich könnte sich dabei jedoch die beruhigende Erkenntnis erweisen, dass (fast) alles interessant wird, sobald man sich erst einmal etwas näher damit befasst hat. Das vermeintliche Desinteresse entspringt nur allzu oft fehlender Kenntnis der signifikanten Probleme und Fragestellungen des Fachgebiets, die sich bei näherem Zusehen und zunehmendem Verständnis der Lösungsschritte meist als durchaus spannend und einer intensiveren Beschäftigung wert herausstellen.

Die Hauptschwierigkeit reduziert sich demnach darauf, für eine ausreichende Startmotivation zu sorgen. Hier sind - neben den verwendeten Lehrbüchern - vor allem die Lehrkräfte gefordert, wenngleich man leider feststellen muss, dass manche von ihnen diesen Ansprüchen kaum gewachsen sind[8].

Bei neuen, ungewohnten Wahrnehmungen oder Erfahrungen - aber auch sonst - trägt Neugier zur Motivationsverstärkung und damit zur Verbesserung des Lernergebnisses bei. Der Lernprozess ist generell dadurch charakterisiert, dass Neuem, nachdem es als solches erkannt ist, ein bestimmter Stellenwert im Denkgebäude zugewiesen wird. Das bedingt nicht selten eine (grundsätzliche) Reorganisation des gesamten Gebäudes oder zumindest einiger seiner Teile. Vorschnelles, möglicherweise gewaltsames Einpassen des Ungewohnten in die habituelle Denkstruktur behindert dagegen den Lernvorgang. Allerdings bleibt eine gewisse Portion Skepsis gegenüber allem Neuem, Unbekannten angebracht[9]. Nicht alles, was neu ist, erscheint auch wert, erfasst und festgehalten zu werden.

Der Motivation abträglich ist sowohl die Über- als auch die Unterschätzung der eigenen Lern- und Leistungsfähigkeit. Wer zu viel von sich erwartet oder sich zu viel vornimmt, provoziert Frustration, wenn die gesteckten Ziele nicht erreicht werden. Dies wirkt sich negativ auf die Lernbereitschaft bzw. -fähigkeit aus. Wer sich dagegen regelmäßig unterschätzt, begibt sich der Möglichkeit, individuell durchaus zu bewältigende Aufgaben tatsächlich auch anzugehen, und gewinnt so latent das Gefühl, nur relativ langsam zu lernen bzw. zu wenig zu leisten.

Allgemein gesprochen kommt es also darauf an, das Anspruchsniveau den individuellen Fähigkeiten anzupassen. Das setzt freilich voraus, dass man sich des eigenen Anspruchs, den man im übrigen von Zeit zu Zeit auf Aktualitätsgrad bzw. Angemessenheit hin überprüfen sollte, bereits vergewissert hat.

Eine wichtige Motivationshilfe besteht darin, den Lernprozess in überschaubare Etappen einzuteilen und sich realistische Teilziele zu setzen.

---

[8] S. hierzu die obige Anmerkung Nr. 7.

[9] S. dazu die Sentenz von *Albert Einstein*, welche der *einführenden Lektion* vorangestellt ist.

Erreicht man sie, verschafft dies Erfolgserlebnisse, die ihrerseits zum Weitermachen anspornen.

Abschließend sei noch eine Warnung ausgesprochen: Es wird immer vorkommen, dass einem bestimmte Stoffgebiete und auch Lehrpersonen nicht liegen. Man sollte darauf achten, dass sich diese latente Abneigung nicht zur Negativmotivation steigert. Auch von Lehrpersonen, die einem unsympathisch oder wenig berückend erscheinen mögen, kann man ebenso wie aus der Vermittlung von Lehrstoff, den man als langweilig empfindet, immer noch etwas lernen. Und nur darauf kommt es an!

Fazit: Jede Form von 'Null-Bock-Haltung' behindert den Lernerfolg!

Konzentration: Liebeskummer abschalten!

'Konzentrieren keine Kunst!' versprechen manche Bücher in ihrem Titel. Wenn das so einfach wäre!

Unter Konzentration verstehen wir die Fähigkeit eines Menschen, seine Gedanken voll einer Sache widmen zu können, oder umgekehrt formuliert: sich durch nichts ablenken zu lassen. Sie geht nicht zuletzt mit dem Motivationsgrad Hand in Hand.

Dass sich der Mensch einer beständigen Reizüberflutung ausgesetzt sieht, braucht nicht besonders betont zu werden. Folge dieser alltäglichen Lebenssituation ist, dass die Fähigkeit, sich auf bestimmte Dinge zu konzentrieren, dadurch mehr oder weniger stark in Mitleidenschaft gezogen wird. Will man Wege finden, die Konzentration zu steigern, sind zunächst die potenziellen Störquellen aufzuspüren, mit dem Ziel, sie hernach soweit als möglich auszuschalten.

Welche Störfaktoren kommen in Betracht? Ähnlich wie bei der Motivation kann man zwischen inneren und äußeren Faktoren unterscheiden. Es beeinträchtigt die Konzentration, wenn die Arbeit unter *innerer Ablenkung* leidet, sei es aus persönlichem Ärger oder Kummer, sei es, weil man sich lieber anderen, als dringlicher empfundenen Beschäftigungen widmen möchte, z.B. ins Kino oder in die Kneipe gehen, Freunde treffen, aufräumen, einen Roman lesen, etwas reparieren, 'mailen' oder 'smsen', im Internet 'chatten', fernsehen usw.

Nun kann man gravierende Störfaktoren wie z.B. Ärger in der 'Beziehungskiste' oder Liebeskummer nicht einfach per inneren Knopfdruck abschalten. Die Arbeitsfähigkeit ist in solchen oder ähnlichen Fällen sicherlich erheblich beeinträchtigt. Als Ersatz- oder Zwischenlösung könnte man jedoch daran denken, zunächst solche Arbeiten, die einem noch am meisten Spaß machen, vorzuziehen, selbst wenn sie nicht gerade von höchster Dringlichkeit sind. Irgendwann müssten auch sie einmal erledigt werden und damit ihre Zeit fordern, die so für andere Aufgaben zur Verfügung bliebe.

Gegen ein wiederholtes Abschweifen zu weniger aufs Gemüt schlagenden Dingen lässt sich allerdings schon eher etwas unternehmen. Erscheinen einem z.B. andere Tätigkeiten wichtiger und fühlt man sich durch den Gedanken daran fortwährend abgelenkt, so sollte man einhalten und sich zunächst über die tatsächliche Dringlichkeit der anstehenden Aufgaben klar werden: Welche Arbeiten lassen sich - bis zu welchem Termin - aufschieben und welche nicht? Wie viel Zeit ist für die verschiedenen Aufgaben zu veranschlagen? Ist man sich darüber klar geworden, sollte ein Zeitplan erstellt werden, der Umfang und Reihenfolge der Tätigkeiten festlegt. Er muss realistisch, d.h. so großzügig gestaltet sein, dass man nicht unvermeidlich unter Zeitdruck gerät.

Nicht vorhergesehene Verzögerungen treten immer auf und müssen von vornherein eingeplant werden. Kommt es gleichwohl zu einem Nebeneinander mehrerer Aufgaben und lässt man sich dadurch in der Konzentration auf die gerade in Angriff genommene Arbeit stören, weil man in Gedanken bei den gleichfalls dringlichen, unerledigten anderen Aufgaben ist, halte man sich an das Prinzip: *'Rangfolge festlegen und dann immer schön der Reihe nach!'* Selbst wenn man nur einen Teil des Programms bewältigt hat, wird einem das schon ein Gefühl der Befriedigung verschaffen. Der noch unerledigte Rest muss allerdings zu einer Aktualisierung der bestehenden Arbeits- bzw. Zeitplanung führen. Zeigt sich, dass man hier häufiger in Rückstand gerät, sind großzügigere Zeitreserven vorzusehen.

Auch *äußere Umstände* können die Konzentration beeinträchtigen, so z.B. ein ungeeigneter Arbeitsplatz (zu eng, wenig belichtet, schlecht ausgestattet), Lärmeinflüsse, störende Nachbargespräche, Telefonanrufe, überraschende Besuche von Freunden usw. Hier ist Abhilfe noch am leichtesten möglich: Den Arbeitsplatz kann man effektiver gestalten (s. dazu *Lektion 5*). Lärmquellen wie störenden Geräuschen oder Gesprächen kann man in der Regel ausweichen. Sollte dies ausnahmsweise nicht möglich sein, muss man sich der Situation eben fügen, anstatt sich ständig darüber zu ärgern. Die Einsicht, dass man zur Zeit daran nichts ändern kann, sollte die Fähigkeit erhöhen, einfach weghören zu können[10]. Konzentration auf den Stoff lenkt von Lärm ab.

Störungen durch Telefonate oder gar Besuche während der geplanten Arbeitszeit sollten nach Möglichkeit verhindert werden. Wofür gibt es schließlich diese wunderbaren Anrufbeantworter! Private Aktivitäten müssen der - geplanten - Freizeit vorbehalten bleiben. Freunde werden dafür Verständnis aufbringen (müssen).

Mach' mal Pause!

Die Arbeitsplanung schließt eine gezielte Freizeit- und Pausenplanung mit ein. Pausen sind Erholungsphasen, die Entspannung verschaffen und die Konzentrationsfähigkeit fördern. Sie sich zu gönnen heißt allerdings, dass man auch wirklich abschaltet und dabei nicht etwa ein schlechtes Gewissen entwickelt. Auch entspannende Tätigkeiten setzen ein gewisses Maß an Konzentration bzw. Einlassung voraus und sollten daher ihrerseits von störenden Faktoren freigehalten werden. Dies trifft besonders für diejenigen zu, die z.B. im autogenen Training ihre innere Ruhe und Konzentrationssteigerung suchen bzw. finden. Aber selbst um einen Spaziergang voll genießen zu können, muss man sich auf die Umgebung 'einlassen', d.h. vor allem nicht mit seinen Gedanken bei der - dann ruhenden und eben nicht vorangehenden - Arbeit sein, es sei denn, man will bewusst mit Ruhe und Abstand an frischer Luft über einige Punkte derselben nachdenken.

Da Freizeitaktivitäten in der Regel durch hohe Eigenmotivation geprägt sind, gelingt das Konzentrieren hier leichter: Es fällt einem gar nicht auf, dass man sich auch dabei konzentriert. Wird man durch Vorfreude auf kommende Freizeitbeschäftigungen latent abgelenkt, kann man sich unter Umständen dadurch leichter zur Arbeit anspornen, dass man das Freizeitvorhaben als verdiente Belohnung für die getane Arbeit betrachtet.

---

[10] Jura-Kommilitonen, die wegen des spezifisch erforderlichen Literaturumfeldes stärker als andere auf Lesesaalplätze angewiesen sind, wollen sich allerdings von dem dort oft herrschenden Lärm gleichwohl nicht nerven lassen: Die halbe Belegschaft sieht man dort mit Ohrenstöpseln herumrennen.

Manche versuchen die Konzentration auch dadurch zu erzwingen, dass sie z.B. die zu bearbeitenden Texte laut mitlesen oder verstärkt auf visuelle Hilfen zurückgreifen, wie Anfertigen von Zusammenfassungen, Stoffübersichten, Flussdiagrammen u.ä. Wenn dies hilft, warum nicht?

Die Fähigkeit, Texte aufzuschlüsseln

Wenn man Texte rasch diagonal lesen kann (s. dazu genauer *Lektion 9*), dann erhöht dies natürlich das Lern- und Leistungsvermögen. Allerdings verbirgt sich dahinter keine geheime Kunstfertigkeit, sondern nicht mehr als die Fähigkeit zu einem systematischen, punktuellen Lesen.

Inhalt und Struktur eines Textes erschließen sich einem meistens schon beim Durchgehen des Inhaltsverzeichnisses. Kurzes Anlesen der Kapitel bzw. Absätze, Suche nach Zusammenfassungen oder Übersichten usw. helfen ebenfalls, den roten Faden des Textes zu erfassen. Konzentration auf das Wesentliche ist auch hier der Schlüssel zum Erfolg.

Jeder nimmt auf andere Weise wahr

Beim Aufnehmen bzw. der nachhaltigen Wahrnehmung von Lehrstoff sind individuelle Präferenzformen zu unterscheiden: visuelle, auditive, motorische - und schließlich eine Mischform aus den genannten.

Visuelle Präferenz liegt vor, wenn jemand Inhalte am leichtesten dadurch lernt, dass er sie optisch aufnimmt oder festhält. Die Aneignung des Stoffs geschieht vorzugsweise durch Buch- oder Skriptlektüre bzw. Einprägen von Schaubildern und Übersichten. Vorlesungen bringen in diesem Falle nur etwas, wenn sie durch gut strukturierte Tafelbilder bzw. Overhead-Projektionen ergänzt werden oder wenn in der Veranstaltung auf schriftliche Arbeitsunterlagen zurückgegriffen wird. Dem visuellen Typ sind Textaufbereitungen wie z.B. Unterstreichungen, Markieren von Sätzen oder Stichwörtern, Setzen von Zeichen am Rande oder ähnliche optische Hilfen von Nutzen (s. dazu noch *Lektion 10*).

Auditive Präferenz liegt vor, wenn die Inhalte bevorzugt durch (Zu-) Hören aufgenommen werden, wie etwa bei Vorlesungen, Referaten, Diskussionen u.ä. Der Lehrstoff würde sich in diesen Fällen z.B. dadurch besser einprägen, wenn man ihn auf Tonband o.ä. aufzeichnen würde und dann (mehrfach) abhört.

Für den *motorischen Typ* gehen Wahrnehmung und Lernen immer mit aktivem Zutun einher: Mitschreiben des Gehörten, Anfertigen von Skizzen und Flussdiagrammen u.ä., Rekonstruktion der Gliederung eines Textes, Exzerpieren des Gelesenen (s. dazu *Lektion 11*) und anderes mehr. Die Mitschrift als solche ist aufnahmefördernd, selbst wenn man zur Nachbereitung aus 'Sicherheitsgründen' lieber auf das Literaturstudium zurückgreifen sollte.

Mischformen In praxi liegen die verschiedenen Präferenztypen allerdings selten in reiner Form vor. Die meisten Menschen werden teils der einen, teils der anderen Wahrnehmungsform stärker zuneigen. Es kommt darauf an, für sich selbst herauszufinden, in welcher Lehr- oder Lernsituation man welche Form jeweils bevorzugt bzw. für die effizientere hält, um sie dann durch geeignete Maßnahmen gezielt zu unterstützen.

Als Faustregel mag (nach einer ZEIT-Graphik) gelten: Menschen behalten von dem, was sie lesen, 10 Prozent, von dem, was sie hören, 20, was sie sehen, 30 Prozent, was sie lesen *und* hören, rd. 50 Prozent, aber von dem, worüber sie selbst sprechen, 70 und von dem, was sie selbst vollführen, 90 Prozent.

Gedächtnistraining: Wunder dauern etwas länger!

Wir alle vergessen mehr oder weniger rasch immer wieder, was wir einst gelernt haben. Die Dauer des Erinnerns hängt von verschiedenen Umständen ab. Auch wenn hier genetische Faktoren eine nicht unwesentliche Rolle spielen, können wir unserem Gedächtnis doch durch regelmäßiges Training etwas nachhelfen.

Inhalte, mit denen wir uns häufig beschäftigen, behalten wir relativ leicht. Sie sind im *Kurzzeitgedächtnis* gespeichert. Versuchen wir uns nach längerer Zeit eines einst gelernten Gegenstandes zu erinnern, bemühen wir unser *Langzeitgedächtnis*. Dabei müssen wir dann allerdings allzu oft die Erfahrung machen, dass es uns im Stich lässt und manches nicht mehr (vollständig) präsent hält, was wir doch einstmals gewusst haben (womit wir uns immerhin wenigstens *daran* erinnern). Wir haben vergessen.

Aus der Lernpsychologie ist bekannt, dass zwei in diesem Zusammenhang immer wieder auftauchende Vermutungen nicht zutreffen:

- Zum einen erschöpft sich die Speicherkapazität des Gehirns nicht von einer bestimmten Aufnahmemenge an, so dass Neues etwa nur noch aufgenommen wird, wenn Altes dafür 'hinausfliegt'.
- Und zum anderen ist unser Erinnerungsvermögen auch nicht eine einfache Funktion der Zeit, so dass etwa die Speicherung eines Vorgangs unserem Gedächtnis desto eher entfällt, je weiter diese zurückliegt.

Mit anderen Worten: Unsere Speicherkapazität ist faktisch unbegrenzt und nicht ausdrücklich zeitkorreliert. Wovon hängt sie also ab?

Die beiden wichtigsten Voraussetzungen für ein gutes (Langzeit-)Gedächtnis haben wir bereits kennen gelernt: Motivation und Konzentration. Je mehr uns ein Stoff interessiert und je konzentrierter wir ihn uns aneignen, desto eher vermögen wir das Gelernte zu behalten.

In Bezug auf die Motivation ist vor allem der Anteil an Primärmotivation entscheidend. Erarbeitet man sich die Inhalte zudem in aktiv-kreativer Weise weitgehend selbst, setzt sich das Gelernte im Langzeitgedächtnis nachhaltiger und damit längerfristiger fest, als dies bei bloßem Einpauken bzw. passiv-rezeptiven Aufnehmen des Stoffs der Fall wäre. Wie oft kann man - bei sich selbst wie bei anderen - beobachten, dass Dinge, die gestern für eine Prüfung eingetrichtert wurden, nach ein paar Tagen schon wieder dem Gedächtnis entschwunden sind.

Des Weiteren stärken, das bedarf im Grunde kaum einer besonderen Erwähnung, zwischenzeitliche Wiederholungen des Stoffs das Erinnerungsvermögen. Was man in regelmäßigen Abständen erneut durchgeht, findet im Langzeitgedächtnis nachhaltiger Platz als einmalig aufgenommene Inhalte.

Auch die berühmten Eselsbrücken können durchaus hilfreich sein (*'Drei, drei, drei, bei Issos Keilerei'*).

Auf jeden Fall wird die Lernfähigkeit durch ein gutes Erinnerungsvermögen unterstützt. Allerdings gibt es - leider - weder Patentrezepte noch (medizinische) Wunderpillen zur Gedächtnisförderung!

LEKTION 3: Mitschriften und Vorlesungstypen

'Es klappern die Laptops am laufenden Band, ...
klick, klack!'

Der digitalisierte Hörsaal

Hörsäle galten früher bereits als technisch bevorzugt ausgerüstet, wenn sie mit einer Mikrophon- und/oder gar Videoanlage ausgestattet waren. Heute stehen, was Darstellungs-, Aufzeichnungs- oder Informationsmöglichkeiten betrifft, Lehrenden wie Lernenden zahlreiche zusätzliche Hilfsmittel zur Verfügung, welche das einst für recht utopisch erachtete Bild der Verwandlung von Hörsälen in digital-perfektionierte Tonstudios allmählich näher rücken lassen: Dozenten sehen sich einer Schar von Studenten gegenüber, die, mit Laptops, Sprach-Scannern nebst integrierter Hinterband- und Videokontrolle und WAP-fähigen Multifunktionshandys bestens ausgerüstet, ganze Vorlesungen mitschneiden bzw. übertragen können. Dozenten sind im Grunde überflüssig geworden. Es würde eigentlich genügen, wenn jemand zu Beginn der Veranstaltung (wozu diese dann noch?) Stichworte des Stoffgebiets bzw. Seitenzahlen des Buches oder Skriptes (am besten gleich in Form einer allgemein zugänglichen Online-Datei), über die bzw. aus denen gerade vorgetragen werden sollte, ansagt und basta. Dies ließe sich natürlich auch gleich per E-Mail-Kommunikation erledigen ebenso wie die Klärung von Fragen der Studierenden zum Stoff. Der Schritt zur virtuellen Uni wäre vollzogen!

Ob derartige Zustände allerdings wirklich jemals gewollt sind, sei hier bezweifelt. Die gute alte Vorlesung[11], das heißt idealiter: das fruchtbare Lehrgespräch zwischen vortragendem Dozenten und fragenden Studenten, stirbt vermutlich so schnell nicht aus. Mitschriften werden daher ein ebenso unentbehrliches wie nützliches Hilfsmittel zum Festhalten des Gehörten bleiben.

---

[11] Die *Vorlesung* als solche geht auf die Wissenschaftstradition vor Erfindung des Buchdrucks zurück, als Studenten in Ermangelung von Lektüre die Vortragsmanuskripte in der Tat vorgelesen und z.T. in die Feder diktiert wurden.

Mitschreiben - wozu?

Führen wir uns zunächst die wichtigsten Vorteile von Mitschriften vor Augen:

- Zunächst einmal tragen sie dazu bei, sich gezielter auf den Vortrag konzentrieren und dabei den roten Faden bzw. die Struktur des Lehrstoffs erfassen zu können.
- Darüber hinaus vermitteln sie das Gefühl, die Vorlesung aktiv zu verarbeiten.
- Der Lehrstoff wird zwecks späterer Nachbearbeitung oder Wiederholung - so übersichtlich es geht - festgehalten.
- Mitschreiben übt, sich in eigenen Worten kurz und knapp auszudrücken.
- Die selbständigen Formulierungsversuche bilden nicht zuletzt einen guten Gradmesser für das Verständnis des Gehörten bzw. Aufgezeichneten. Sie machen deutlich, inwieweit man den Inhalt des Vortrags tatsächlich begriffen hat.

Das ist ja gar nicht so einfach!

Die Hauptschwierigkeit beim Mitschreiben resultiert daraus, dass prinzipiell zwei Dinge auf einmal gemeistert werden müssen, nämlich Zuhören *und* Schreiben bzw. Formulieren. Im Grunde sind sogar noch mehr Fähigkeiten gefordert: zuhören, verstehen, die inhaltliche Struktur des Vortrags erfassen und im Auge behalten, eigene Formulierungen finden und niederschreiben sowie das Layout der Aufzeichnungen entwerfen. Die gleichzeitige Bewältigung all dieser Tätigkeiten bedingt höchste Konzentration und Aufmerksamkeit. Man wird zum genauen Hinhören, zur raschen Textaufschlüsselung und zügiger Skizzierung der Hauptgedanken gezwungen.

Sinnvoll und nützlich ist bzw. wäre es, die Erstmitschrift später noch einmal zu überarbeiten und zu verbessern, d.h. vor allem: Formulierungen präzisieren, Unklarheiten ausmerzen, Layout übersichtlicher gestalten usw. Allerdings: Zeit ist - das weiß jeder - knapp! Also wird die Erstmitschrift in aller Regel auch die Letzt(mit-)schrift sein! Daher ist schon bei der ersten Abfassung besondere Sorgfalt angebracht.

Allgemeine Hinweise und Tipps zur Mitschrift

- Entwickeln Sie ein einheitliches formales System!
- Schreiben Sie auf losen Blättern (am besten DIN A4)!
- Beschriften Sie die Blätter nur einseitig! Sie lassen sich so im Hefter besser übersehen und auffinden!
- Kennzeichnen ('identifizieren') Sie jede Seite: Lehrveranstaltung (evtl. mit geeignetem Kürzel), Dozent/in, Datum, Pagina[12] usw.
- Gehen Sie mit dem Raum grundsätzlich großzügig um!
- Bilden Sie keine ausformulierten Sätze, sondern halten Sie das Vorgetragene nur stichwortartig fest!
- Verwenden Sie Schreibstifte mit unterschiedlichen Farben, um z.B. Überschriften, Hauptstichworte u.ä. besonders hervorzuheben!
- Verwenden Sie eigene Kürzel für häufig wiederkehrende Worte, wie z.B. 'GG' für Gleichgewicht, 'NF' für Nachfrage(-funktion), 'GK' für Grenzkosten o.ä.!
- Bei inhaltlich bedingten Mitschreibeproblemen sollten Sie die Lehrpersonen um kurze Zusammenfassungen bitten. Auch eine Einordnung des Stoffes in den Kontext des Lehrveranstaltungsprogramms mag sich als hilfreich erweisen. Notfalls könnte sogar an die Formulierung von zentralen Merksätzen gedacht werden[13].
- Ersuchen Sie gegebenenfalls um eine Pause zum Mitschreiben!
- Schreiben bzw. zeichnen Sie Tafelbilder - sofern geboten - möglichst genau und vor allem vollständig ab!
- Arbeiten Sie - sofern angebracht - mit Schaubildern, Flussdiagrammen, Schemata und ähnlichen optischen Hilfen!
- Fügen Sie hin und wieder selbst überblickartige Zusammenfassungen ein!
- Gehen Sie nach Abfassung der Notizen die Blätter zu Hause noch einmal durch, und nehmen Sie Korrekturen und Verbesserungen vor!

---

[12] D.h.: Seitennummerierung.

[13] Viele Hochschuldozenten sehen hierin allerdings nicht ganz zu Unrecht eine allzu verschulte Form des Unterrichts, die es zugunsten einer aktiveren Selbstbeteiligung der Studenten an der Erarbeitung des Stoffs abzubauen gilt.

- Treten Unklarheiten auf, halten Sie diese in Form von möglichst konkreten Fragen fest und bringen Sie sie in der nächsten Lehrveranstaltung - zum passenden Zeitpunkt - zur Sprache!
- Heften Sie am Ende die Blätter nach einer geeigneten Systematik ab! Halten Sie für jedes Fachgebiet einen gesonderten Ordner bereit! Fügen Sie für Unterpunkte Ordnungs- oder Leitblätter dazwischen!
- Zur Verbesserung der eigenen Mitschreibetechnik wird empfohlen, sich von Zeit zu Zeit die Mitschriften von Kommilitonen anzusehen und, sofern Ihnen bedeutsame Unterschiede auffallen, diese zu diskutieren!

Einteilung der Seite für die Mitschrift

Folgende Einteilung der Mitschrift-Seiten hat sich allgemein bewährt:

- Links empfiehlt sich ein Rand von ca. 2-3 cm für das Abheften (Heftrand bzw. Bundsteg) zu lassen.
- Zusätzlich ist - links oder rechts - ein Rand von 4-6 cm für Anmerkungen vorzusehen.
- Oben ist eine Kopfzeile anzulegen mit der Bezeichnung der Lehrveranstaltung, Datum, Dozent/in usw.
- Die eigentliche Mitschrift bildet das Zentrum der Seite.
- Am unteren Rand ist Platz für zusätzliche oder nachträgliche Angaben einzuräumen, wie z.B. für Literaturquellen oder sonstige Hinweise.

Formal hat eine Seite also etwa folgendes Aussehen:

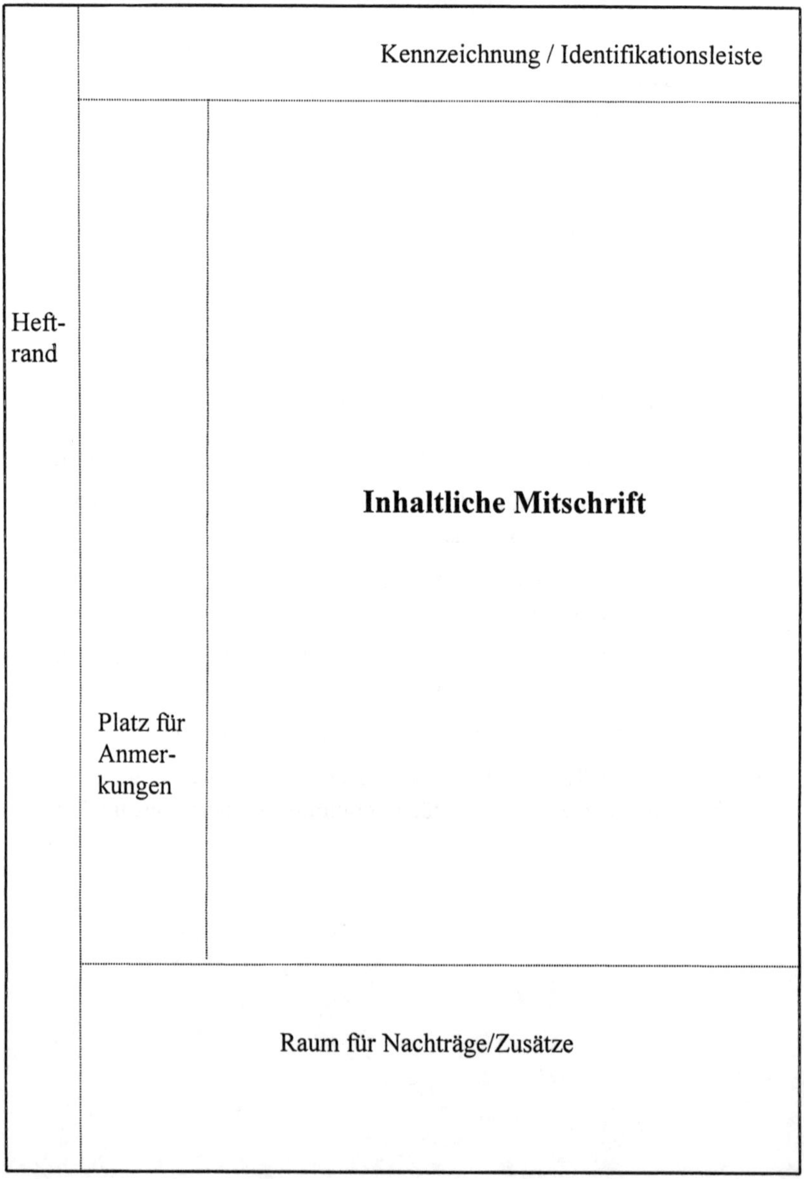

Vorlesungstypen

Wenn Erzählen dasselbe wäre wie Lehre,
wären wir alle so schlau,
dass wir es kaum aushalten könnten!
R.F. Mager

Wie bereits erwähnt (s. oben *Lektion 1*), haben die meisten Dozenten sich ihren Lehrstil autodidaktisch angeeignet. Dies führt nicht selten dazu, dass die Lehrmethodik, vorsichtig ausgedrückt, etwas eigenartig ausfällt. Sie ist geprägt von der jeweiligen Persönlichkeit und dem individuellen rhetorischen Talent bzw. Temperament. So gibt es die verschiedensten Vortragstypen. Sie machen ein strukturiertes Mitschreiben nicht immer leicht, bisweilen sogar unmöglich.

Im Folgenden ein paar Beispiele aus dem Alltag - in 'Spot'-Form gefasst. Der Leser wird dem einen oder anderen Lehrtyp sicherlich schon begegnet sein[14]:

- Der *Langweiler*

  Redet leidenschaftslos, langatmig und betonungsarm; scheint sich selbst nicht zuzuhören; macht schläfrig.

- Der *Vorleser*

  Trägt fast wörtlich sein Skript vor, schaut dabei kaum einmal auf; als 'Abwechslung' hält er vorbereitete Anekdoten parat, die das reifere Auditorium bereits mitsprechen kann; Frontalbeschallung.

- Der *Nuschelfritze*

  Nuschelt vor sich hin und in sich hinein; versteht nicht, dass man ihn nicht versteht; ist und macht unzufrieden.

---

[14] Sollten Sie weitere Typen kennen gelernt haben und diese in analoger Spot-Form wiedergeben können, so fügen wir diese in künftigen Neuauflagen des Buches der Liste gerne hinzu und übersenden Ihnen als kleine Anerkennung dafür ein Exemplar der Neuauflage.

- Der *Rote-Faden-Verlierer*

  Springt von einem Gedanken zum anderen; weiß nie, wie er darauf gekommen ist, kehrt selten zum Ausgangspunkt zurück; Verwirrspiel.

- Der *Hektiker*

  Läuft aufgeregt umher, hetzt den Stoff durch; macht laufend Fehler an der Tafel; wischt das Richtige wieder ab; Ansteckungsgefahr!

- Der *Schnellredner*

  Ohne Pause sprudelt es aus ihm heraus; beantwortet Fragen, bevor sie gestellt werden, vornehmlich solche, die nie gestellt würden; Sprechlawine!

- Der *Sich-Selbst-Witzig-Finder*

  Witzelt fortwährend in den Raum, kaum einer lacht. Dass ihm das nicht auffällt - witzig!

- Der *Fußnotenweltmeister*

  Redet überwiegend in Anmerkungen, kommt selten zur Sache; zitiert fortwährend andere; macht orientierungslos.

- Der *Kuriositätenhascher*

  Hält alles, was er sagt, für ungeheuer originell; immerhin freut er sich selbst am meisten darüber; wirklich kurios!

- Der *Äh-Äh*-Typ

  Fügt ... äh ... nach jedem zweiten Wort ... äh ... ein 'äh' oder 'nicht wahr' ein, oft sogar ... äh ... gleich mehrere hintereinander; Nerven- ... äh ... strapaze, nicht wahr, nicht?

- Der *Keinen-Satz-zu-Ende-Sprecher*

  Beginnt neue Sätze noch bevor der letzte zu Ende geführt ist; verschachtelte Sätze sind seine Spezialität; braucht die Hilfe der Zuhörer um zu erfahren, wo er gerade stehen geblieben ist; Mitschreibequäler.

- Der *Psycho-Du-Typ*

  Findet alles, was Du sagst, 'unheimlich wichtig', aber auch, dass Du ihm zuhörst, und dass Du das ungeheuer wichtig findest; Wichtigtuer!

- Der *Beau*

  Hat immer einen charmanten Spruch auf den Lippen; wedelt fortwährend mit seinem Ich; Stoff braucht er nur, um sich überhaupt präsentieren zu können: 'schmier-ich'!

- Der *Coole*

  Trägt den Stoff betont lässig vor, gibt sich unnahbar; flippt aus, wenn man ihm am Geburtstag eine Kerze mitbringt; zu Risiken und Nebenwirkungen ...

- Der *Linksdogmatiker*

  Erklärt alles, was er sagt, für unangreifbar; duldet Widerspruch nur, wenn man ihn bestätigt; schleust unentwegt trojanische Sprachpferde aus dem marxistischen Jargon ein; Vorsicht: schlägt aus!

- Der *Antikommunist*

  Ist seit Geburt farbenblind; reißt alles von der Wand, was er für rote Propaganda hält; so verschwindet auch manche Kontaktanzeige; man könnte rot werden vor Wut, aber was nutzt das - bei der Krankheit?

- Der *Philosoph*

  Redet in höheren Sphären; niemand versteht, nur wenige ahnen - einer allein begreift; einsame Spitze!

- Der *Huxleyaner*

  Lebt schon im Jahre 2222; er behauptet, die richtige Lehre vereine alle Vorzüge der Religion und des Alkohols - ohne deren Nachteile; vorzüglich!

LEKTION 4:
Bibliotheken, Kataloge, Literaturrecherche

"Vorzüglich, Vorzüglich!
Muss sofort verboten werden!"

Fürst Metternich beim Lesen
von Heines Gedichten

Publikationsformen

In dieser Lektion werden einige Begriffe aus dem bibliothekarischen Bereich sowie verschiedene Publikationsformen vorgestellt. Am Anfang steht eine kleine Übung.

Übung[15]

Versuchen Sie, für die folgenden Publikationsformen eine (knappe) Definition bzw. Abgrenzung zu geben:

- Lehrbücher =
- Sachbücher =
- Diplom-/Magisterarbeit =
- (Inaugural-)Dissertation =
- Habilitationsschrift =
- Monographie =
- (Auto-)Biographie =
- Bibliographie =

---

[15] Auflösung auf S. 54 f. Aber nicht gleich schmulen!

- Periodika =
- Jahrbuch =
- Lexikon =
- Kompendium =
- Glossar(ium) =
- Handwörterbuch =
- Enzyklopädie =
- Sammelwerk =
- Festschrift =
- Anthologie =

Übersicht über einige Unterschiede zwischen Lehr- und Sachbüchern:

	Lehrbuch	**Sachbuch**
Adressat	Anfänger, Laien	interessiertes Fachpublikum
Sprache	einfach; neue Fachbegriffe erläuternd	Fachsprache
Grundkenntnisse	nicht vorausgesetzt	vorausgesetzt
Darstellung	didaktisch betont	ohne besondere didaktische Aspekte
Inhaltstiefe	umfassende Darstellung des Stoffs ohne Vertiefung	eher ins Detail gehend
Fußnoten	wenige	zahlreiche
Auflagen	häufig neue	meist nur eine

Kataloge: geordnet nach System

Bei Bibliotheken ist zunächst zwischen Präsenz- und Leihbibliotheken zu unterscheiden. Erstere halten ihren Bestand für jedermann 'präsent', leihen jedoch grundsätzlich nicht aus (höchstens einmal über Nacht bzw. über's Wochenende). Leihbibliotheken finden sich in der Form offener, sog. Freihandbibliotheken, in denen man sich die Bücher selbst ('frei') herausnehmen kann, oder als geschlossene Institutionen, bei denen ausschließlich das Dienstpersonal befugt ist, Bücher aus dem Magazin zu entnehmen. Zuvor ist lediglich ein entsprechender Leihschein auszufüllen bzw. einzureichen.

Eine Übersicht über den jeweiligen Buchbestand bzw. Zeitschriftenfundus der Bibliothek steht in katalogisierter Form zur Verfügung, wobei zwischen dem *systematischen Katalog* einerseits und dem *Stichwort-* oder *Schlagwortregister* andererseits zu unterscheiden ist.

Der systematische Katalog - auch als *alphabetisches* oder *Autorenregister* bezeichnet - ist nach Verfassern und/oder Titeln alphabetisch geordnet. Das ältere, bis Anfang der 90er Jahre verbreitete System arbeitete noch mit konventionellen Karteikarten und -kästen. Es ist heute – zumindest für die neueren Bestände - abgelöst durch die viel komfortablere bzw. ergiebigere Form des Online-Katalogs. Dort findet sich im Hauptmenü meist eine Rubrik *Namen-* oder *Titelregister* o.ä., unter der man den gesuchten Autor oder den Titel des Werkes oder Beitrags eingeben bzw. suchen kann. Bei Fehlanzeige werden in der Regel ähnliche Namen bzw. Schreibweisen oder Titel als Ersatz angeboten - vielleicht hat man sich ja vertippt oder den Namen ungenau notiert.

Alle Titel sind üblicherweise mit einer sog. *Signatur* versehen, unter der das betreffende Werk in der Bibliothek erfasst ist. Es handelt sich i.d.R. um ein Kompositum aus Ziffern und Buchstaben der von der Bibliothek jeweils verwendeten Katalogisierungssystematik.

Wie früher die Layouts der Karteikarten unterscheiden sich auch heute die Präsentationssystematiken der verschiedenen Bibliothekskataloge. Gemeinschaftlich enthalten sie jedoch überwiegend die folgenden Standardangaben:

- Autor (Name, Vorname)
- Titel des Werkes oder Beitrages
- Erscheinungsort, Verlag und Erscheinungsjahr
- Seitenumfang
- Seiten- bzw. Buchformat
- verschlüsselte Angaben (sog. *Sigel*) zu anderen Fachbibliotheken, die dieses Buch ebenfalls im Bestand haben sowie häufig noch
- internen Systemzwecken der jeweiligen Bibliothek dienende Chiffres, die für die Benutzer ohne Belang sind

Als Reminiszenz an die alten Karten hier ein – zumindest für Sozialwissenschaftler - kurioses Beispiel aus dem medizinischen Bereich:

Universitätsschriftenstelle	18/82/730539
Beer, Guenther	
Beer, Günther: Die Glukokortikoidabhängigkeit der Verdünnungskapazität der Heule'schen Schleife. Mikropunktionsuntersuchungen zum Mechanismus der Wasserausscheidungsstörung in der Nebenniereninsuffizienz am Modell der bilateral adrenal-ektomierten Ratte.	
1981 50 S. 8°	
Kiel, Univ., Med. Fak.,	Diss. 1981

'Diss.' Steht als Abkürzung für *Dissertation*, die in den meisten Bibliotheken als Extrarubrik geführt werden.

Zeitweilig noch anzutreffen, vor allem für ältere Bestände, sind noch Sichtgeräte mit sog. Mikrofiche-Scheiben, auf denen die vorrätige Literatur, alphabetisch geordnet, aufgelistet ist.

Virtuelle Bibliotheken

Die Vorzüge der Computer-Recherche liegen auf der Hand und brauchen nicht im Einzelnen hervorgehoben zu werden. Sie können von zu Hause aus bequem in den Katalogen 'herumblättern' und benötigte Titel auf diese Weise auch bestellen, um sie später per Termin in Empfang zu nehmen. Im Folgenden seien nur ein paar erste nützliche 'Anlaufstellen' (Internet-Adressen) genannt, die keineswegs den Anspruch auf Vollständigkeit erheben. Wegen der räumlichen Vorzüge der Bestellbarkeit bzw. Abholung der Publikationen für Studierende im Berliner Raum sind dabei die Berlin-Brandenburger-Zugangsmöglichkeiten vorangestellt:

- http://www.kobv.de - umfangreicher Katalog des *'Kooperativen Bibliotheksverbund Berlin-Brandenburg'* (KOBV) mit ausführlichen Informationen über Medienangebote, Sammlungsschwerpunkte, Öffnungszeiten, Nutzungsbedingungen u.a.m. Dort finden Sie auch einen KOBV-Volltextserver mit Textsuche und Zugriff auf freie elektronische Dokumente der KOBV-Bibliotheken sowie auf Artikel von lizenzierten Zeitschriften.
- http://www.ubka.uni-karlsruhe.de/kvk.html - unter dieser Adresse der *Universitätsbibliothek Karlsruhe* findet sich u.a. eine sehr nützliche Suchmaske für www-Bibliotheks- und Buchhandelskataloge, die nicht nur den Zugriff auf die deutschsprachigen Verbundkataloge[16] im sog. Web-OPAC (*Online Public Access Catalog*) gewährt, sondern darüber hinaus auch weltweit auf zahlreiche ausländische Kataloge und Anlaufstellen (insgesamt mehr als 100 Mio. Bücher und Zeitschriften). Der Karlsruher Virtuelle Katalog (KVK) verfügt selbst über keine eigene Datenbank. Er ist von der Verfügbarkeit der Zielsysteme im Internet abhängig und kann daher auch nicht mehr Funktionalität bei der Recherche bieten als die einzelnen Zielsysteme selbst.

---

[16] Als Verbundkataloge bezeichnet man diejenigen, die nicht nur ihre eigenen Bestände ausweisen bzw. darin suchen, sondern auch in anderen, 'verbundenen' Bibliothekskatalogen. Darunter finden sich hier neben der Berliner Staatsbibliothek und dem bereits erwähnten KOBV u.a. auch: Bayrischer Bibliotheksverbund (BVB), Gemeinsamer Bibliotheksverbund (GBV) der Länder HB, HH, MV, NS, SA, SH, TH.

- http://www.ddb.de - gemeinsamer Katalog von der Deutschen Bibliothek Frankfurt am Main, Deutsche Bücherei Leipzig und Deutsches Musikarchiv Berlin, bei der man deutschsprachige Publikationen zu den verschiedensten Fachgebieten – zumindest zum Teil – einsehen kann.
- http://www.wiso-net.de – eine umfassende Datenbank mit deutschsprachigem wirtschafts- und sozialwissenschaftlichem Schwerpunkt; mit derzeit rd. 2,5 Mio. Volltexten aus über 290 Zeitschriften, über 4 Mio. Literaturnachweise, 13 Mio. Artikel aus Tages- und Wochenpresse, 34 Mio. Unternehmensinformationen. Ausländische, v.a. angelsächsische Quellen finden Sie auch unter ▶ http://www.ebsco.de - einer weltweit führenden Zeitschriftenagentur, die Informationsquellen für gedruckte und elektronische Zeitschriften entwickelt und Volltextdatenbanken und Referenzdatenbanken produziert.
- http://www.sub.uni-hamburg.de – Zusammenstellung von verschiedenen Fachgebieten aller Hamburger Bibliotheken, darunter schwergewichtig auch der Bereich 'Wirtschaftswissenschaften'.
- http://www.uni-frankfurt.de - in diesem zentralen Verbundkatalog des Hessischen Bibliotheks-Informations-Systems (HeBIS) kann man auf die Bestände der hessischen und rheinhessischen Bibliotheken, u.a. der Uni Frankfurt, zugreifen, fernleihen und - gegebenenfalls - auch liefern lassen[17].
- http://www.bibliothek.uni-regensburg.de - eine mit schmuckloser, aber leicht bedienbarer Nutzeroberfläche ausgestattete Adresse vor allem auch für elektronische Volltextzeitschriften.
- http://www.subito-doc.de - dahinter verbirgt sich ein komfortabler Dokumentenlieferdienst wissenschaftlicher Bibliotheken aus Deutschland, Österreich und der Schweiz, d.h. man kann hierüber bestimmte Beiträge, Publikationen bestellen und bekommt sie relativ rasch (bei Eilbestellungen sogar innerhalb von. 24 Std.) als Datei, Fax oder per Post zugeschickt. Natürlich kostet das eine Kleinigkeit: für Hochschulbeteiligte derzeit ab 5 € aufwärts – je nach Versandform, Umfang, Terminwünschen usw.

---

17 Natürlich ist dieser Service nicht kostenlos. Entsprechende Preisinformationen können auf den betreffenden Websites nachgeschlagen werden.

Als wichtigste Zeitschriften-Datenbank - neben der bereits erwähnten Ebsco-Agentur - sei genannt:

- http://zdb-opac.de - diese Zeitschriftdatenbank (ZDB) in der Trägerschaft der Staatsbibliothek zu Berlin mit dem Systembetreiber Deutsche Bibliothek firmiert als weltweit größte Datenbank für Titel- und Besitznachweise fortlaufender Sammelwerke, also von Zeitschriften, Zeitungen usw. Sie enthält nicht nur Printwerke, sondern auch Titel elektronischer Zeitschriften und umfasst mehr als 1,2 Mio. Titel in allen Sprachen von 1500 bis heute. Zu diesen Titeln hat sie mehr als 6 Mio. Besitznachweise von ca. 4300 deutschen Bibliotheken registriert, verzeichnet allerdings keine Aufsatztitel.

Die Liste ließe sich nahezu beliebig verlängern, da im Grunde bei fast allen Unis und FHs entsprechende OPAC-Links zu finden sind.

Als oftmals recht ergiebig erweist sich außerdem die Recherche in den – vielfach kostenlosen – Archiven renommierter Tages- und Wochenzeitungen (FAZ, Süddeutsche Zeitung, Handelsblatt, Financial Times Deutschland, Spiegel, Die Welt, DIE ZEIT, letztere mit einem sehr nützlichen Link-Katalog mit Kurzcharakterisierungen, u.a.m.).

Manche Datenbanken gibt es auch im CD-ROM-Format, so z.B. für den wirtschaftswissenschaftlichen Bereich die *WISO-CD-ROM I-III*, herausgegeben von der *Gesellschaft für betriebswirtschaftliche Information* (GBI), München, deren jeweils aktualisierte Fassung von den einschlägigen Bibliotheken im Abonnement bezogen wird. Inzwischen gibt es diese Bibliothek mit umfangreichen Informationen zu den Bereichen Wirtschaft, Presse, Management und Wissenschaft online (► www.gbi.de). Die Recherche und Trefferlistenanzeige sind dabei gebührenfrei, erst die Anzeige des Dokuments ist kostenpflichtig.

Stichwortkatalog: Suche mit Fantasie

Sog. *Stich-* bzw. *Schlagwort*kataloge sehen formal nicht anders aus als ein systematischer, nur ordnen sie den Bibliotheksfundus eben - so gut es geht - nach bestimmten Kategorien. Innerhalb eines Schlagworts werden die erfassten Titel wiederum nach Autorennamen oder chronologisch sortiert. Bei rechnererfassten Beständen gibt es im Hauptmenü unter dem Feld

'Stichwortkatalog' o.ä. meist eine Option, bei der man das gewünschte Wort eingeben bzw. suchen lassen kann. Der Rechner bietet bei Fehlanzeige in aller Regel Alternativen an, die weiterhelfen. An vielen Bibliotheken kann man sich z.B. auch eine Bibliographie (s. dazu unten) zu einschlägigen Stichworten zusammenstellen (lassen). Fragen Sie nach dieser Service-Möglichkeit.

Ein guter Stichwortkatalog nimmt nicht nur Buchtitel auf, sondern enthält zu jedem Schlagwort auch Beiträge aus Zeitschriften und anderen Periodika, dem eigentlichen Tummelplatz für aktuelle Fachdiskussionen. Allerdings ist die Auswertung sämtlicher Zeitschriften immer noch recht kostenaufwändig, sodass die meisten Bibliotheken lediglich die einschlägigsten berücksichtigen bzw. einbeziehen.

Natürlich können nicht unendlich viele Schlagworte erfasst werden, sondern immer nur eine begrenzte Auswahl, die von Bibliothek zu Bibliothek verschieden ist. Will man im Einzelnen fündig werden, ist oftmals ein wenig Fantasie und Erfindungsreichtum vonnöten, wenn das gewünschte Stichwort nicht unmittelbar vorkommt. Man darf sich auf keinen Fall nur auf bestimmte Schlag- oder Stichworte versteifen und bei erster Fehlanzeige gleich frustriert die Segel streichen.

Allerdings ist bei der Recherche zu beachten, dass der Aktualitätsgrad der Schlagwortkataloge manchmal nicht sensationell hoch ist. Das liegt nicht zuletzt an Personalengpässen, denn die Auswertung und Zuordnung der Publikationen und Fachbeiträge zu den verschiedenen Stichworten ist arbeitsaufwändig und erfordert vor allem gut vorgebildete Fachkräfte. Viele Titel lassen für den Laien nicht erkennen, worum es in dem Beitrag geht, geschweige denn, welcher (bzw. welchen) Rubrik(en) er jeweils zuzuordnen ist. Bedenken Sie außerdem, dass manche gerade in Mode gekommenen Stichworte nicht gleich zur Erweiterung des Registers führen. Sinnvollerweise wartet man erst einmal ab, ob der Begriff nicht genauso schnell wieder verschwindet, wie er aufgetaucht ist, denn jede Änderung des Schlagwortregisters bedeutet ja, dass der gesamte bisher aufgenommene Bestand dahingehend überprüft werden müsste, welche Beiträge dem neuen Stichwort zuzuordnen wären. Daher finden Registeranpassungen nur in größeren Zeitabständen statt.

Fazit: Auch ein Schlagwortkatalog muss, will er nicht einstauben, gepflegt werden.

Bibliographien und sonstige Fundstellen: *'mega sag' i!'*

Abschließend noch ein Hinweis: Bibliographien, also Zusammenstellungen einschlägiger Literatur zu einem bestimmten Fachgebiet oder Thema, sind äußerst hilfreich. Es gibt zahlreiche zentrale Fachbibliographien zu den verschiedensten Gebieten[18] und sogar 'Mega-Bibliographien', das heißt Bibliographien der Bibliographien, wenn solch Sprachsalat einmal erlaubt ist. Diese informieren, welche nationalen und internationalen bibliographischen Institutionen es gibt und auf welchen Fachgebieten sie tätig sind[19].

Bei der Bücherrecherche mag auch ein Blick in das *Verzeichnis Lieferbarer Bücher* (VLB) hilfreich sein. Unter ▶ http://www.vlb.de können sie es – natürlich wiederum nicht kostenlos - online einsehen, aber es existiert auch als CD-ROM, die Bibliotheken in aller Regel abonniert haben. Da es allerdings zum täglichen Handwerkszeug der Bibliotheksverwaltung oder -leitung gehört, ist es normalerweise nicht im Regal zu finden, sondern nur auf Anfrage einzusehen. Es enthält ein Autoren- sowie Schlagwortregister, über welches man sich rasch zurechtfinden kann. Aber beachten Sie, dass es dabei eben nur, wie der Name verrät, Werke anführt, die lieferbar, d.h. die noch in den aktuellen Verlagsprogrammen zu finden sind[20]. Dies bedeutet hinsichtlich manch älterem, nach wie vor einschlägigem Fachbuch zwangsläufig Fehlanzeige.

---

[18] Für den wirtschaftswissenschaftlichen Bereich sind hier z.B. zu nennen: Die *Betriebswirtschaftliche Zeitschriftendokumentation (BZD)*, der gedruckten Version der Datenbank *BLISS* (Betriebswirtschaftliches Literatur-, Informations- und Suchsystem), hrsg. von der Gesellschaft für betriebswirtschaftliche Information mbH (GBI) in München, die in zweimonatigem Abstand erscheint, sowie die *Bibliographie der Wirtschaftswissenschaften - Internationale Dokumentation der Buch- und Zeitschriftenliteratur der Wirtschaftswissenschaften*, hrsg. von der Bibliothek des Instituts für Weltwirtschaft, Kiel.

[19] In Berlin kann man z.B. in die *Bibliographischen Berichte* einsehen, die die Staatsbibliothek Preußischer Kulturbesitz herausgibt.

[20] Immerhin über 1 Mio. Titel aus rd. 18.000 (deutschen, österreichischen bzw. schweizerischen) Verlagen – inklusive Preisangaben und Bestellmöglichkeit: Daneben gibt es im übrigen auch noch jeweils ein Verzeichnis Lieferbarer Musikalien (VLM), Lieferbarer Schulbücher (VLS) und Lieferbarer Zeitschriften (VLZ) [S. ▶ http://www.buchhandel.de oder ▶ buchkatalog.de].

Neben den allgemein bekannten Bibliotheken ist auch auf die zahlreichen weniger offiziellen Stellen hinzuweisen, wie z.B. Instituts- oder Lehrstuhl-Bibliotheken an den Hochschulen, Bibliotheken von (z.B. empirischen) Forschungsinstituten, die nicht zu unterschätzenden Bestände bei Senats- oder Ministerialstellen, bei Kammern und Verbänden, großen Firmen u.a.m. Sie sind allerdings oft erst nach einigem persönlichen Einsatz (Zuständigkeitsfragen, kompliziertere Öffnungszeiten, bedingte Zugriffsmöglichkeiten usw.) sowie etwas Beharrlichkeit und Nachdruck zugänglich.

Fazit: Vom PC aus lässt sich selbst heutzutage noch nicht alles erledigen (wenn man von der relativ kostenaufwändigen Inanspruchnahme von Dokumentenlieferdiensten [s.o. S. 49] einmal absieht). Man muss sich schon selbst in die Bibliotheken bemühen, auch wenn man sich immerhin die wichtigsten Vorabinformationen bereits über den Bildschirm abrufen sowie die erforderlichen Bestellformalitäten erledigen kann.

Auflösung von Seite 44 f.:

Lehr- und Sachbücher:	s. S. 45
Diplom-/Magisterarbeit, (Inaugural-[21])Dissertation, Habilitationsschrift:	Arbeiten zur Erlangung verschiedener Grade von wissenschaftlicher Qualifikation (Studienabschluss, Promotion bzw. Habilitation[22])
Monographie:	Schrift über einen einzelnen fachwissenschaftlichen Gegenstand[23] (als Gegenbegriff zum Sammelwerk)
(Auto-)Biographie:	(Von der betreffenden Person selbst verfasste) Schrift über Leben und Werk eines Menschen
Bibliographie:	Umfassende Zusammenstellung einschlägiger Beiträge zu einem bestimmten Thema
Lexikon:	Viele Stichworte, kurze Erläuterungen
Kompendium:	Wenige, umfassende Stichworte, ausführlicher Text
Glossar(ium):	Lexikalische Zusammenstellung von Fachbegriffen über ein bestimmtes Teilgebiet
Handwörterbuch:	'Mittelding' aus Lexikon und Kompendium

---

[21] Der nicht selten noch anzutreffende Zusatz 'Inaugural` will den 'Einweihungsstatus' der Schrift als Aufnahmebedingung in den 'erlauchten' Akademiker-Kreis hervorheben.

[22] Vielfach eine Voraussetzung zur Erlangung einer 'ordentlichen' Professorenstelle an Universitäten.

[23] Von manchen auch für Schriften von nur *einem* Autor verwendet.

Enzyklopädie:	'weltumfassendes', alle Disziplinen behandelndes Sachwörterbuch bzw. Lexikon
Periodika:	Periodisch (monatlich, viertel- oder halbjährlich usw.) erscheinende Publikationen (vor allem: Fachzeitschriften)
Jahrbuch:	Jährlich erscheinende Sammlung von Fachbeiträgen
Sammelwerk:	Zusammenstellung verschiedener Aufsätze in einem Band; sie müssen sich nicht unbedingt auf ein einheitliches Thema beziehen; im Amerikanischen manchmal auch als 'Reader' bezeichnet
Festschrift:	Zusammenstellung von Fachbeiträgen zu Ehren (meist hoher Geburtstagsjubiläen) einer bestimmten Person oder Institution; oftmals von den einstigen Schülern verfasst und/oder herausgegeben
Anthologie:	'Blütenlese', Sammlung von Beiträgen zu einem Thema (wenn man so will: *'The Best of ...'*); z.T. sind darin aber auch neue und/oder aktuelle Beiträge eingefügt

LEKTION 5: Organisation des Arbeitsplatzes

Weniger ist mehr.
Mehr oder weniger!

Soll ich zu Hause oder im Lesesaal arbeiten?

Seinen ständigen Arbeitsplatz kann man entweder zu Hause oder auch auswärts, z.B. in Lesesälen von Bibliotheken, einrichten. Es ergeben sich dabei verschiedene Vor- und Nachteile, die es gegeneinander abzuwägen gilt:

Häuslicher Arbeitsplatz

Vorteile	Nachteile
Der Arbeitsplatz ist immer fertig eingerichtet; dazu gehört v.a. ein eigener PC (Rechner, Tastatur, Bildschirm) mit Drucker;	Man ist stärkeren Ablenkungsfaktoren ausgesetzt: Familien- oder WG-Angehörige, unangemeldete Besuche, Anrufe u.ä.; auch die Versuchung, den Fernseher einzuschalten oder das Radio laufen zu lassen usw., gehören dazu.
Arbeitsmittel und benötigte Unterlagen liegen jederzeit bereit.	Für die spontane Beschaffung von Fachliteratur wird relativ viel Zeit benötigt.

Lesesaal

Vorteile	Nachteile
Man ist faktisch nicht erreichbar (Handys bleiben natürlich abgeschaltet) und damit weniger ablenkbar.	Man ist von Öffnungszeiten abhängig, die vor allem während der Semesterferien häufig recht knapp bemessen sind.
Gelingt es, sich Kommilitonen, die zum Schwätzchen neigen, vom Leibe zu halten, ist ein konzentriertes Arbeiten in ruhiger wissenschaftsträchtiger Atmosphäre möglich.	An- und Rückfahrt kosten Zeit. Zusätzlich hat man ein Transportproblem: (Eigene) Bücher und benötigte Unterlagen müssen jeweils neu mitgeschleppt werden. (Schließfächer nutzen!)
Zur spontanen Bearbeitung auftretender Fragen stehen grundlegende Nachschlagewerke und Fachbücher zur Verfügung.	Man muss immer (erneut) überlegen, was jeweils benötigt wird und was man im Einzelnen alles einpacken muss.
	Als Schreibgerät kommt, will man die Exzerpte nicht erst handschriftlich verfassen, gegebenenfalls ein Laptop in Betracht. Da sein 'Geklicker' von anderen Lesesaalnutzern jedoch als lästig empfunden werden kann, ist die Mitnahme eines solchen Geräts mancherorts nicht gestattet.

Die endgültige Entscheidung über die Wahl des Arbeitsplatzes wird nicht zuletzt von ganz persönlichen Umständen abhängen: Verfügt man zu Hause über einen ausreichend großen und hellen Arbeitsbereich, an dem man ungestört zu Werke gehen kann? Und umgekehrt: Befindet sich in zumutbarer Entfernung überhaupt ein ruhiger Bibliotheksleseplatz, der mit der entsprechenden Fachliteratur und Ausstattung bestückt und an dem konzentriertes Arbeiten auch möglich ist?

Ausstattungsgegenstände am Arbeitsplatz

Wenden wir uns nun den wichtigsten Ausstattungsgegenständen und Merkmalen eines (häuslichen) Arbeitsplatzes zu:

- Hauptutensil ist natürlich ein großflächiger Schreibtisch. Er muss - tags wie abends - mit guten Lichtverhältnissen ausgestattet sein. Am besten in (rechtwinkliger) Übereckanordnung zum Schreibtisch sollte ein Pult, Rollwagen o.ä. stehen, auf dem sich der Personal Computer (PC) mit möglichst leistungsstarker Software-Mindestausstattung (Textverarbeitungsprogramm *WinWord*, Microsoft *Excel*, *Power Point* usw.; s. dazu *Lektion 6*) befindet. Für gelegentliche Probeausdrucke der Aufzeichnungen benötigt man außerdem einen Drucker. Auch ein Scanner[24] leistet hilfreiche Dienste.
- Über das reichhaltige Angebot an hilfreichen Büroutensilien (Ablageboxen, Leitblätter, Beschriftungsschablonen, Schriftrücken für Ordner usw.) informiere man sich am besten in einem Spezialgeschäft bzw. Katalog für Büroartikel. Sie tragen in aller Regel dazu bei, Aufzeichnungen oder Ausarbeitungen leichter systematisieren und übersichtlicher ordnen zu können, was nicht zuletzt für die rasche Wiederauffindbarkeit von Bedeutung ist. Die verwendete Systematik und die Ordnungskategorien sollten einerseits für sich wandelnde Anforderungen hinreichend flexibel bleiben, andererseits aber auch auf Fixierung gerichtet sein, bis sich ein zufrieden stellendes Ordnungssystem eingespielt hat.
- Als Sammel- und Katalogisierungsmittel kommen vor allem die drei folgenden in Betracht:

---

24 Das sind, wie vermutlich bekannt, Geräte, die sowohl Text- als auch Grafikvorlagen oder Abbildungen in Dateien umwandeln, die dann in die eigenen Aufzeichnungen eingefügt und weiter verarbeitet werden können - eine höchst komfortable Angelegenheit.

1) Karteikarten und -kästen

Als grundsätzlicher Vorteil von Karteikarten wird immer wieder angeführt, dass sie sich leicht durchblättern lassen und im Prinzip unbegrenzt erweiterungsfähig sind. Auch könnten - etwa im Vergleich zu festen Notizheften o.ä. - jederzeit neue Stichworte oder auch ganze Fachgebiete zusätzlich aufgenommen werden. Dies ist zwar zutreffend, dennoch handelt es sich um ein System aus der Zeit des Schreibmaschinengebrauchs bzw. handschriftlicher Aufzeichnungen. Im Zeitalter des PC gelten Karteikarten als weniger geeignet, da man für ihre Beschriftung besondere Druckerfunktionen benötigt, über die einfache Drucker in der Regel nicht verfügen. Die Karten lassen sich hier nicht einziehen bzw. verursachen den allseits gefürchteten Papierstau. Zudem wären häufige Einstellungsänderungen beim Papiereinzugsverfahren erforderlich, wenn zwischen der Karteikartenerstellung und dem Schreiben im üblicheren DIN-A4-Papierblattformat hin- und hergewechselt wird.

Manch einer meint, dass solche Karten sich besonders für Prüfungsvorbereitungen eignen, insbesondere wenn es um das Lernen von Begriffen, Definitionen, Vokabeln u.ä. geht, weil man die Karten in beliebiger Reihenfolge bearbeiten und z.B. die jeweils nicht gewussten bzw. wieder vergessenen Stichworte oder Begriffe zwecks baldiger Wiederholung vorne erneut einordnen kann. Wer darauf schwört, dem sei empfohlen, die DIN-A4-Seite - je nach Größenwunsch der 'Karten' - in zwei oder auch vier Bereiche einzuteilen und gesondert zu beschriften. Das Blatt muss nachher lediglich entsprechend geschnitten werden und fertig sind die 'Zettelkarten'!

Zusätzlich sei in diesem Zusammengang darauf hingewiesen, dass sich die Vorzüge von Karteikarten unter Vermeidung bzw. Umgehung der soeben beschriebenen Nachteile durch die Verwendung einer Datenbank (z.B. MS Office Access) nutzen lassen. Solche Programme erleichtern das Auffinden bestimmter 'Karteikarten', bei Datenbanken 'Datensätze' genannt, durch die Suchfunktion. Bei gewissenhafter Programmierung der Datenbank werden zudem Redundanzen gespeicherter Daten vermieden. Wer – haptisch veranlagt - gleichwohl darauf besteht, für die Prüfungsvorbereitung Karteikarten in der Hand halten zu wollen, dem bieten die Datenbank-Programme auch die Möglichkeit, das Layout der Karten mittels der Berichtsfunktion zu gestalten und sie hernach auszudrucken.

2) (Stell-)Ordner

Das wohl am häufigsten anzutreffende Verfahren für die Ablage bzw. Einordnung schriftlicher Ausarbeitungen und Unterlagen ist die Abheftung in Stellordnern. Am besten eignet sich hierfür das übersichtliche DIN-A4-Format, dessen Beschriftung bzw. Ausdruck problemlos mit dem PC erfolgen kann. Besser als beim Karteikartensystem lassen sich hier auch andere Materialien zuheften: Kopien, Broschüren, Loseblattfolgen u.ä. Im Unterschied zu Karteikarten müssen die einzelnen Blätter zunächst jedoch gelocht und dann eingeheftet werden, wofür jedes Mal der Verschlusshebel gelöst und wieder verriegelt werden muss. Dafür sind die Blätter dann allerdings gegen unbeabsichtigtes Herausfallen geschützt.

Als Ordnungshilfen gibt es Leit- bzw. Trennblätter. Für jedes Fachgebiet können ein oder mehrere Ordner, u.U. mit farblich verschiedenen Schriftrücken, angelegt werden.

3) Hängeordner

Die Ablage bzw. Heftung erfolgt hierbei in Hängemappen. Man benötigt eine Hängevorrichtung, etwa in Form eines Schrankes oder eines Tisches, wie sie der Fachhandel anbietet. Von der Handhabung her handelt es sich faktisch um ein Mittelding zwischen Karteiverwaltung und Stellordnern: Die Blätter werden (meist) nicht gelocht, sondern einfach in Papiertaschen nach Rubriken sortiert gesammelt. Wegen der PC-Freundlichkeit eignet sich hierfür wiederum das DIN-A4-Format am besten. Es können aber auch kleinere Zettel und Bildmaterial o.ä. eingelegt werden. Übersichtliche Beschriftungen erhöhen die Zugriffsgeschwindigkeit. Die Mappen sind leicht herausnehmbar, sodass man sie z.B. in den Unterricht oder zu Arbeitsgruppen mitnehmen kann.

Wegen weiterer Einzelheiten und Möglichkeiten informiere man sich, wie gesagt, am besten beim Fachhandel.

LEKTION 6:
Der Einsatz des PC

"Tausend tolle Sachen ..."

Ein PC gehört zu jedem Arbeitsplatz

Für Haus- und Diplomarbeiten ist die maschinenschriftliche Form zwingend vorgeschrieben. Sie erweist sich aber auch für die Nachbereitung handschriftlich verfasster Mitschriften und Exzerpte[25] o.ä. als äußerst vorteilhaft: Maschinengesetzte Texte sind nicht nur lesbarer und - in der Regel - übersichtlicher, sondern auch einer nachträglichen Korrektur oder Ergänzung leichter zugänglich als etwa per Hand gefertigte Vorlagen.

Während frühere Generationen hier auf die gute alte Schreibmaschine mit ihren - gemessen an aktuellen Standards - überaus bescheidenen Möglichkeiten angewiesen waren, gehört heutzutage ein Personal Computer (PC) mit einem geeigneten Textverarbeitungsprogramm (als Mindest-Software-Inventar) und einem Drucker zur Normalausstattung eines Arbeitsplatzes.

Bei den Vorzügen und Möglichkeiten des computergesteuerten Schreibens gehen selbst eingefleischten Schreibmaschinen-Romantikern die Gegenargumente aus, so klar liegen sie auf der Hand: Mit wenigen Steuerbefehlen (per Mausklick oder sog. Tastatur-*Shortcuts*) lässt sich ein Text ergänzen, umstellen, kürzen und in nahezu jede gewünschte Form bringen. Die Textfassung ebenso wie das Layout liegen dann keineswegs für alle Zeiten fest, sondern können bei Nichtgefallen oder veränderten Anforderungen beliebig angepasst werden.

Anfängliche potenzielle Berührungsängste bei Leuten, die bisher noch nicht am PC gearbeitet haben (es werden immer weniger), erscheinen weitgehend unbegründet: Sofern nicht schon zu Schulzeiten eingeübt, genügt in der Regel eine zwei- bis dreitägige personelle Einführungs-

---

[25] Siehe dazu im Einzelnen noch *Lektion 11*.

anleitung oder ein didaktisch entsprechend gut abgefasstes Handbuch[26], um die Grundkenntnisse bzw. -techniken zur Handhabung von Hard- und Basis-Software[27] zu erwerben. Der Rest kommt ganz von selbst. *'Learning by doing'* lautet die Devise.

Was Sie beim Kauf eines PC bedenken sollten

Die Anschaffung eines PC nebst Tastatur, Bildschirm und Drucker ist natürlich nicht zuletzt auch eine Kostenfrage. Folgende Punkte sollten Sie bei Ihrer Kalkulation bedenken:

- Es müssen nicht unbedingt fabrikneue Geräte sein. Eine gebrauchte Anlage kostet erheblich weniger und tut es grundsätzlich auch. Auf den allerneuesten Rechnertyp kommt es in der Regel nicht an (meist arbeiten diese 'nur' schneller, haben größere Speicherkapazitäten und verfügen - daher - über mehr Software-Potenzial). Wenn es auch, gemessen an den neuesten Rechnern, nicht gerade im Eilzugtempo geht, gegenüber einer Schreibmaschine bleibt selbst ein PC der älteren Generation in qualitativer Hinsicht sowie in Anbetracht der Zeitersparnis ein 'Quantensprung'.
- Die Sorge, dass gebrauchte Geräte bald kaputt gehen könnten, sind weitgehend unbegründet: nur höchst selten versagen sie ihren Dienst; meistens handelt es sich um Bedienungsfehler, wenn vermeintliche 'Macken' oder Ausfälle auftreten.
- Die Verwendungsmöglichkeiten eines PC sind nicht auf Studienzwecke beschränkt. Auch der persönliche Schriftkram wie z.B. die allgemeine Korrespondenz kann damit erledigt werden. Sie können Einladungen an die lieben Freunde per 'individuellen' Serienbrief verschicken oder Texte für private Zwecke aus Dateien kopieren oder umstel-

---

[26] Leider lassen die meisten gerade in didaktischer Hinsicht allerdings - genau wie die berüchtigten Bedienungsanleitungen zahlreicher technischer Geräte (*'Sie müssen erst den Nippel durch die Lasche ziehen ...'*) - mehr oder weniger zu wünschen übrig.

[27] Wer's immer noch nicht weiß: Als Hardware werden die Geräte (Rechner, Drucker, Bildschirm, Maus usw.) bezeichnet, während man unter der Software die jeweils installierten bzw. installierbaren Betriebssysteme und Anwenderprogramme versteht.

len. Als praktisch erweisen sich neben der Suchfunktion, mit der Sie z.B. bestimmte, einst eingegebene Texte (etwa Zitate) rasch auffinden können, auch die automatische Sortiermöglichkeit (z.B. für ein CD-, DVD- oder Videoregister), die Notizbuch- oder Vokabelheftfunktion mit schnellem Zugriff auf Namen oder Begriffe u.v.a.m.

- Wer sich im weltumspannenden Computerverbund *Internet* 'einloggen' und dort 'surfen' will, braucht natürlich ebenfalls einen PC (mit entsprechendem Modem bzw. ISDN oder DSL-Anschluss). Hierfür empfiehlt sich allerdings, auf einen leistungsstärkeren Rechner zurückzugreifen, damit das Kürzel 'www' des *world wide web* nicht zum Symbol für weltweites Warten wird.

- Auch die platzsparende Datenaufbewahrung spricht für dieses Medium. Allein auf dem im Rechner installierten Festspeicher lassen sich immense Datenmengen festhalten, selbst wenn die Einspeisung der jeweils benötigten Software-Programme einen nicht unerheblichen Teil des Platzes bereits in Anspruch nimmt. Der Speicherplatz eines Rechners der Normalklasse umfasst heute (zu Beginn des Jahres 2006) schon bei Laptops ca. 40-120 GB (Gigabyte), das sind 40.000 bis 1,2 Mio MB (Megabyte), und etwa das Doppelte bei 'Festrechnern'. Als Arbeitsspeicher (sog. RAM) sind 512 oder 1024 MB inzwischen die Regel. Nur zur Orientierung sei gesagt, dass etwa ein Buch von rd. 300 Textseiten - ohne 'speicherplatzfressende' Sondergrafiken oder Abbildungen - kaum mehr als 1 MB Platz benötigt. Zusätzlich Speicherkapazitäten bieten entweder die kleinen 3,5-Zoll-Disketten mit 1,44 MB Platz (sofern heute überhaupt noch hardware-tauglich) oder beschreibbare CD-ROM-Scheiben, DVD's sowie die sog. USB-Sticks (fast alle Rechner verfügen inzwischen über mehrere solcher USB-Anschlüsse), die alle, was ihren Speicherplatz betrifft, im Gegensatz zur Diskette geräumigen Lagerhäusern gleichen.

- Darüber hinaus gibt es Software für zahlreiche andere Zwecke, u.a. Datenbanken(verwaltung), Tabellen-, Kalkulations-, Buchhaltungs-, Sprach- oder Grafikprogramme, von den bei manchen so beliebten Computerspielen ganz abgesehen.

Konkretisieren Sie also vor der Anschaffung eines PC Ihren Anwendungsbedarf so genau wie möglich, um eine kostenaufwändige Überdimensionierung zu vermeiden. Planen Sie allerdings Kapazitätsreserven ein: Was Ihnen heute wegen fehlender Anwendungskenntnis bzw. -praxis als wenig nützlicher 'Schnickschnack' erscheinen mag, kann sich nach Einarbeitung in das System als durchaus sinnvolle (Zusatz-)Funktion herausstellen. Fragen Sie kompetente Kommilitonen oder einen auskunftswilligen Fachhändler, welche Computerklasse für Ihre Bedürfnisse angemessen erscheint.

Als gängiges Textverarbeitungsprogramm hat sich hierzulande die *WORD*-Version durchgesetzt, die z.B. unter Windows (aber auch Macintosh, Linux u.a.) läuft und sehr komfortabel arbeitet. Die Einarbeitungszeit in die Möglichkeiten bzw. Befehle des Programms ist dank der im Laufe der Zeit immer leichter handhabbar gewordenen 'Oberfläche' nicht allzu lang anzusetzen. Nur in den ersten Wochen dürfte noch die eine oder andere Anlaufschwierigkeit auftauchen, was man bei der Planung der Anfertigung einer Arbeit, vor allem wenn ein Ausschlusstermin gesetzt ist, beachten sollte.

Möglichkeiten von Textverarbeitungssystemen

In Bezug auf Unterrichtsmitschriften, Exzerpte u.ä.

- Handschriftlich verfasste Unterrichtsmitschriften können zu Hause zunächst blind, d.h. rasch hintereinander und ohne Rücksicht auf Tippfehler oder Zeilenumbrüche eingegeben werden. In einem zweiten Durchgang werden die Schreibfehler auf einfachste Weise korrigiert - ein Rechtschreib- bzw. Grammatikprüfprogramm kann im Hintergrund mitlaufen und weist Sie auf orthographische bzw. grammatikalische Fehler hin[28] - sowie das gewünschte Seitenformat und Drucklayout (s. dazu gleich noch weiter unten) festgelegt. Schließlich wird die Silbentrennung, manuell oder automatisch, vorgenommen. Dies empfiehlt

---

[28] Aber Achtung: Das Programm findet nicht alle Fehler! Wenn Sie 'im' gemeint und 'in' geschrieben haben bzw. 'Leitung' statt 'Leistung', wird das – natürlich – ebenso wenig als falsch markiert wie etwa ein Verschreiben bei 'Fallen' anstatt 'Fellen' bzw. 'Fällen' oder auch 'Füllen'.

sich besonders, wenn der Text im Blockformat ausgerichtet wird, da so allzu weite Wortabstände vermieden werden.

- Zur besseren und übersichtlicheren inhaltlichen Strukturierung des Textes lassen sich zentrale Thesen, Überschriften o.ä. hervorheben, etwa durch größere Schriftzeichen, Fett- oder Kursivdruck, durch Unterstreichungen, Einrahmungen und Schattierungen u.ä.m. Jederzeit kann auch nachträglich noch ein neuer Absatz gebildet, Ergänzungen eingefügt oder Textumstellungen vorgenommen werden. Sätze oder auch ganze Absätze lassen sich mühelos austauschen oder verschieben, ohne - wie etwa noch zu Schreibmaschinenzeiten - mit Schere und Kleber arbeiten zu müssen.
- Ein entscheidender Vorzug besteht in den leicht zu handhabenden und ganz auf individuelle Wünsche abstellbaren Formatierungsmöglichkeiten des Textes. So kann man unter zahlreichen Schriftarten und -größen wählen, Zeichen fett, *kursiv* oder unterstrichen setzen, Zeilen- und Absatzabstände in kleinsten Stufen frei wählen sowie Einzüge oder 'hängende' Zeilen vorgeben - ganz nach Belieben. Da man meist nur eine bestimmte Anzahl verschiedener Absatzformate verwendet, kann man ihre Formatierung mittels sog. Formatvorlagen im vorhinein festlegen und durch einen selbst gewählten Tastenschlüssel (Shortcut) der gewünschten Textpassage unmittelbar zuweisen.
- Zusätzlich lassen sich mit einem einzigen Steuerbefehl bzw. Mausklick z.B.
  - die Seitennummerierung (Pagina) an beliebiger Stelle einfügen,
  - Stichworte oder Begriffe als laufende Kopf- oder Fußzeilen bzw. Kolumnentitel setzen,
  - bestimmte wiederkehrende 'Textbausteine' (bzw. 'Autotext'), wie etwa die eigene Anschrift oder Anrede- und Grußformeln usw., festlegen und jederzeit abrufen bzw. einfügen,
  - einzelne Argumente mit davor gesetzten Spiegelstrichen oder Sonderzeichen (z.B. Punkte, Pfeile, Kreise u.ä.) übersichtlich auflisten.
- Schließlich können Sie auch Tabellen erstellen, einfache Rechenoperationen durchführen, Gliederungspunkte bzw. -überschriften ein- und ausblenden bzw. bearbeiten, Inhalts- und Stichwortverzeichnisse anlegen, in einem Synonymwörterbuch (Shift F7!) nach alternativen Formulierungsmöglichkeiten suchen und vieles andere mehr.

- Am Ende kann das spätere Druckbild der überarbeiteten Fassung mittels der Layoutfunktion am Bildschirm kontrolliert und bei Bedarf korrigiert werden[29].
- Es ist ratsam, von allen Manuskripten mindestens eine Kopie auf einem externen Speicher (s. oben S. 63) zur Sicherung auszulagern, um sich vor potenziellen Datenverlusten zu schützen, die durch Anwendungsfehler oder auch technisch bedingte Umstände wie plötzlicher Stromausfall, Viren o.ä. immer wieder auftreten können (s. dazu Näheres in den PC-Handbüchern)!

Natürlich sind auch weiterhin nachträglich Korrekturen und Einfügungen oder Kürzungen des Textes möglich. Ihren Tippexvorrat lassen Sie getrost vertrocknen! Nach jeder größeren Änderung ist lediglich die Abspeicherung einer neuen Sicherungskopie sowie ein (Teil-)Neuausdruck erforderlich.

In Bezug auf Haus-, Diplom- oder Doktorarbeiten

Über die oben genannten allgemeinen Vorzüge hinaus sind hier noch speziell anzuführen:

- *Vorteile beim Entwurf der Arbeit:* Wie erwähnt, können Sie nachträglich Ergänzungen oder Neuordnungen des Textes vornehmen, ohne dass jeweils eine neue Niederschrift zu erfolgen braucht. Darüber hinaus bildet die automatische Fußnotengestaltung bzw. -verwaltung eine wertvolle Erleichterung. Stellt man z.B. nachträglich fest, dass man eine (oder auch mehrere) Fußnote(n) streichen oder hinzufügen muss, so nummeriert das Textprogramm die Ziffern aller nachfolgenden Fußnoten automatisch um, und zwar sowohl im Text als auch unten vor der Anmerkung selbst. Es bedarf bei Kenntnis der Programme kaum einer Erwähnung, dass für den Fall, dass der Anmerkungstext auf derselben Seite stehen soll, auch der erforderliche Platz für den Seitenumbruch jeweils neu berechnet bzw. entsprechend gesetzt wird.

---

[29] Im 'normalen' Textbild sind nämlich Bildschirmdarstellung und Druckbild nicht immer identisch!

- *Vorteile bei der Materialsammlung:* Man kann die gesammelten Materialien nach Stichworten, Autoren, Daten o.ä. ordnen bzw. sortieren lassen. Ferner besteht über die Suchfunktion die Möglichkeit der raschen (Wieder-)Auffindung bestimmter Begriffe, Stichworte, Autoren, Zitate, Literaturquellen o.ä.
- Praktisch ist auch die *Gliederungsfunktion*, die es erlaubt, alle Gliederungspunkte (inklusive der Seitenangaben) gesondert anzuzeigen. So kann man sich jederzeit einen Überblick über Gliederung bzw. Inhaltsverzeichnis verschaffen und dieses gegebenenfalls auch separat bearbeiten, also z.B. Umstellungen (einschließlich des zugehörigen Textes) vornehmen o.ä.
- Schließlich kann man auch das Zusammenstellen der verwendeten Literatur im Literaturverzeichnis weitgehend dem Programm überlassen sowie relativ mühelos ein Stichwortregister erstellen.
- In Bezug auf die Endfassung der Arbeit ist nochmals auf die Vorzüge der *Formatierung* hinzuweisen. Das Manuskript lässt sich der von der Hochschule vorgeschriebenen äußeren Form jederzeit problemlos anpassen, kann daneben aber auch in jedes selbst gewünschte Format (rück-)übertragen werden. In Verbindung mit einem guten Drucker (am besten ist natürlich ein Laserdrucker) lässt sich faktisch Buchdruckqualität der Manuskriptvorlage erreichen.

Fazit: Zur Erstellung des Textes mittels des PC besteht im Grunde keine Alternative! Schreibmaschinen eignen sich in Studierstuben höchstens noch zu Dekorationszwecken.

LEKTION 7:
Arbeitsplanung und Arbeitsmethodik

Sechs Stadien eines Projekts

- *Begeisterung*
- *Ernüchterung*
- *Panik*
- *Suche nach Schuldigen*
- *Bestrafung von Unschuldigen*
- *Auszeichnung von Nicht-Beteiligten*

Studieren heißt Arbeiten

Studieren bedeutet - selbstverständlich - Arbeit, vorwiegend geistiger, teilweise aber auch - disziplinär bedingt - praktischer Art. Es ist die Phase, in der man neben der Akkumulation von Fachwissen auch die Fähigkeit zum selbständigen *wissenschaftlichen* Arbeiten erlernt, das ja, wie eingangs erwähnt, gerade durch sein systematisches und planvolles Vorgehen gekennzeichnet ist. Das erstreckt sich neben der inhaltlichen Methodik nicht zuletzt auch auf die arbeitstechnische Seite des Prozesses: Es ist ein Zeitplan zu erstellen, der die einzelnen Arbeitsschritte festlegt und sorgfältig aufeinander abstimmt. Nur so beugt man spontaner oder willkürlicher Herangehensweise an die Aufgabe vor, die zwar auch zu gewissen Ergebnissen führen mag, aber im Prinzip partiell beschränkt, lückenhaft und ineffizient bleiben wird.

Unsere Ausführungen setzen bei der Studienplanung der (oder des) kommenden Semester(s) ein, d.h. die konkreten Entscheidungen über die

Wahl des Studienfaches und -ortes sind ebenso bereits gefallen wie diejenige über die Finanzierung der Studienzeit[30].

Vorteile einer gezielten Arbeitsplanung

Fragen wir nach den wichtigsten Vorzügen, die eine gezielte Planung mit sich bringt. Im Einzelnen lassen sich da vor allem die folgenden benennen:

- Effiziente Planung bedeutet vor allem Zeitersparnis! 'Zeit ist Geld!' sagt man und will damit zum Ausdruck bringen, dass es sich um einen knappen Faktor handelt. Mit knappen Faktoren, so lernt jeder Student im Fach Ökonomie gleich in der ersten Stunde des ersten Semesters, müssen wir sparsam und vor allem effizient, also ökonomisch umgehen.
- Rechtzeitige Planung sorgt dafür, dass die jeweils erforderlichen Arbeitsmittel, wie Büromaterialien, Bücher, CD-ROM, Disketten bzw. USB-Sticks, Kopien o.ä. zum Zeitpunkt des Bedarfs auch tatsächlich parat liegen.
- Planung beugt auch einem unkoordinierten Ineinandergreifen von Freizeit und Arbeitszeit vor. Man sollte seine Arbeitszeit so über den Tag verteilen, dass sie sich mit vorgesehenen Erholungszeiten in angemessenen bzw. individuell angepassten Abständen abwechseln. So erreicht man am ehesten, dass die Arbeitsphasen effektiv genutzt und die Pausen wirklich als Erholung genossen werden (können). Wem

---

30 Auch bei solchen Fragen hilft die Internetrecherche weiter, denn es gibt heute faktisch keine Uni bzw. FH mehr, die nicht über eine eigene Web-Seite verfügt. Die Schwierigkeit besteht höchstens darin, die betreffende Adresse zu finden. Eine informative Anlaufstelle bietet hier z.B. die Website der Hochschulrektorenkonferenz (HRK) ▶ http://www.hrk.de sowie die spezielle Hochschul-Linksammlung unter ▶ http://hochschulen.linkarena.com. Auch studentische Info-Dienste, die häufig mit *Links* zu den Unis und FH's in der Bundesrepublik verbunden sind, helfen zwar weiter, allerdings sind manche von ihnen derart mit Werbung 'zugemüllt', dass man schon einige RTL-TV-Abgebrühtheit mitbringen muss, um solche Aufdringlichkeiten aushalten zu können. Am seriösesten erscheinen hier noch ▶ http://www.studienwahl.de bzw. ▶ uni-online.de ▶ his.de ▶ student-online.net.

Unterbrechungen allerdings nur ein schlechtes Gewissen produzieren, dem bringt es sicherlich auch nichts, sich zur Muße zu zwingen, da hierfür die innere Ruhe fehlen würde. Er arbeite dann eben so lange weiter, bis die fehlenden Erholungsphasen ihren Tribut fordern. Allgemeine Kraftlosigkeit und Schlaffheit, Müdigkeit, Unkonzentriertheit ebenso wie Unruhe, kontraproduktive Anspannung, ausbleibende Kreativität u.ä. stoßen jeden ganz automatisch darauf, dass man ohne zwischenzeitliche Regenerierung auf Dauer nicht produktiv sein kann.

Strategie will gelernt sein

Soll die Planung effizient sein, müssen eine Reihe von Dingen beachtet werden:

- Der Planungszeitraum muss sich über einen überschaubaren, mittelfristig orientierten Abschnitt erstrecken. Sowohl das quantitative Arbeitspensum (also die Frage: *Wie viel und in welcher Zeit?*) als auch die inhaltliche Struktur der einzelnen Zwischenetappen (also die Frage des *Was* und *in welcher Reihenfolge?*) müssen für die nächsten Wochen festgelegt und aufeinander abgestimmt werden.
- Wer einen konkreten Arbeitsplan erstellt hat, braucht sich nicht täglich neu darüber Gedanken zu machen bzw. zu entscheiden, was er zuerst, was als nächstes und was er zuletzt in Angriff nehmen will bzw. muss.
- Entscheidend ist, dass die Planung realistisch ausfällt. Werden einzelne Etappenziele zu ehrgeizig gesetzt, gerät man leicht unter Zeitdruck, was der Motivation und Konzentration[31] in aller Regel abträglich ist. Das kann dazu führen, dass man per saldo dadurch sogar ineffektiver arbeitet, als dies bei spontanem, improvisiertem, aber motiviertem Herangehen der Fall wäre.

---

[31] S. dazu oben *Lektion 2*. Wenn manche übrigens behaupten, sie könnten - im Prinzip sogar am besten - *nur* unter Zeitdruck arbeiten, so deutet das eher auf ihr Unvermögen zu effizienter mittel- oder langfristiger Planung, denn auf ein einschlägiges Gegenargument hin. Gleichwohl sei nicht bestritten, dass beim Schlussspurt an einer Arbeit neben dem Willen, das Ziel auf jeden Fall zu erreichen, auch ein gewisses Maß an Zeitdruck ein wirksamer Motivationsverstärker sein kann. Dies spricht aber nicht gegen sinnvolle Planung.

- Es kommt also darauf an, sich der anstehenden Arbeitsschritte klar zu werden, sie so exakt wie möglich im vorhinein zu strukturieren und in überschaubare Teilziele umzusetzen. Wenn man die Etappenziele nacheinander erreicht, stärkt dies die Eigenmotivation (vgl. auch *Lektion 2*).

- Pausen sind notwendige Unterbrechungen der Arbeit. Sie sollten in verschiedenen Formen eingeplant werden:

  - häufiger am Tag: kleinere Unterbrechungen zum Rücken und Arme durchstrecken oder auch nur, um den Blick einmal weg vom Schreibtisch schweifen zu lassen, für kurze Massagen von Handgelenken oder Kopfhaut u.ä. (Dauer: 1-2 Minuten);

  - mehrmals am Tag: kurze Erholungszeiten einfügen, um an die frische Luft zu gehen, zum Kaffee oder Tee trinken, für körperliche Lockerungs-Übungen, autogenes Training o.ä. (Dauer: ca. 15-20 Minuten);

  - ein- oder zweimal täglich: längere Pausenzeit(en) vorsehen, z.B. um etwas zum Essen zuzubereiten oder andere häusliche Arbeiten zu erledigen, einen Spaziergang zu machen (Sportliche werden einen Waldlauf, gymnastische Übungen o.ä. vorziehen) oder den Arbeitsplatz aufräumen, Musik hören, Zwischenruhe einlegen u.ä. (Dauer: ca. 45-90 Minuten).

  - Schließlich: Ehren Sie die Nachtruhe! Arbeiten Sie nur in Ausnahmefällen, z.B. wenn die Zeitplanung wirklich keine andere Alternative zulässt oder wenn Sie gerade Ihre schöpferische Phase verspüren[32], bis spät in die Nacht hinein. Ein fester Rhythmus zahlt sich auf Dauer aus.

---

[32] In solchen Fällen sollte das nächtliche Elaborat für den 'verpennten' Vormittag entlohnen! Und wenn nicht, mag es zumindest den Versuch wert gewesen sein, auch wenn es, wie gesagt, nicht zur Regel werden sollte.

Wie sieht meine Planung konkret aus?

Im Folgenden sollen die bislang mehr allgemein gehaltenen Ausführungen konkret umgesetzt werden, und zwar einmal in Bezug auf die Planung des gesamten Studiums, das andere Mal in Bezug auf die Anfertigung einer Hausarbeit.

Allgemeine Studien- und Arbeitsplanung

- Da es sich um ein längerfristiges Planziel handelt, muss in einem ersten Schritt zunächst das Studienziel genau geklärt bzw. sich bewusst gemacht werden: Welche inhaltlichen Schwerpunkte sollen Vorrang haben? Innerhalb welchen Zeitraums soll das Studium abgeschlossen sein?
- Entscheidend werden in diesem Zusammenhang für die meisten - neben oder trotz BAföG bzw. familiärer Unterstützung - die zeitlichen Anforderungen und Belastungen sein, die sich aus der Finanzierung des Studiums durch berufliche Nebentätigkeiten oder studentische Jobs ergeben. Konkret heißt das, dass die zum Geldverdienen aufzubringende bzw. zu reservierende Zeit - einschließlich gewisser Erholungsphasen - genau (ein-)geplant werden muss.
- Eine realistische Arbeitsplanung verlangt unbedingte und vorbehaltlose Ehrlichkeit gegenüber sich selbst, was die Einschätzung des (zu erwartenden) eigenen Arbeitseifers anbetrifft. Man sollte sich über die Frage im Klaren sein, ob man das Studium erst einmal ruhig angehen will, um (dann) im Laufe der Zeit allmählich 'anzuziehen', oder ob man beabsichtigt, gleich von Anfang an richtig 'ranzuklotzen'. Vielleicht ist auch an eine über die gesamte Zeitspanne relativ gleichmäßige Arbeitsintensität gedacht. Wie dem auch sei, auf jeden Fall sollte man diesen unterschiedlichen Fällen in der langfristigen Planung Rechnung tragen.
- In einem zweiten Schritt geht es darum, Prioritäten bzw. Reihenfolgen festzulegen: Welche Fächer sollen bzw. müssen zuerst angegangen werden? Welche Scheine will/muss man in welchem Semester absolviert haben? Bis wann soll das Grundstudium geschafft sein?
- Für alle Stufen der Planung sind ausreichend Zeitreserven vorzusehen. Denn nicht alles, was man sich zu erledigen vorgenommen hat, wird sich entsprechend des geplanten Timings auch umsetzen lassen. Das

kann z.B. daran liegen, dass man nicht realistisch geplant hat, da man den für die einzelnen Aufgaben (jeweils) erforderlichen Zeitaufwand unterschätzt hat. Auch kann es mit nicht vorher zu sehenden Ereignissen zusammenhängen, z.B. familiäre, gesundheitliche Dinge, welche die Aktivitäten anderweitig beanspruchen und/oder sich allgemein auf die Arbeits- und Konzentrationsfähigkeit negativ auswirken ('trouble in der Beziehungskiste' o.ä.).

- Liegen die Prioritäten fest, kann man daran gehen, einen mittelfristigen Arbeitsplan für die nächsten Wochen zu erstellen sowie einen langfristigen, etwa für ein Jahr oder zumindest für ein Semester. Die Setzung realistisch formulierter Teilziele ermöglicht es dabei, auf motivationsstimulierende Teilerfolge zurückblicken zu können. Wie in *Lektion 2* erwähnt, ist eine Überschätzung der eigenen Möglichkeiten hier ebenso unzweckdienlich wie eine Unterforderung der persönlichen Leistungsfähigkeit.

Timing einer Hausarbeitsanfertigung[33]

Unterstellt ist ein Thema, das überwiegend als Literaturarbeit abzuhandeln ist und für das eine Bearbeitungszeit von rd. 3 Monaten zur Verfügung steht.

Phase 1: Vorbereitung und Planung der Materialsichtung

Es sind Internetrecherche, Bibliotheksgänge und Lesezeiten einzuplanen, wobei Öffnungszeiten (z.B. von Lesesälen oder Archiven) sowie Ausleihfristen zu beachten und abzustimmen sind. Darüber hinaus ist genügend Zeit für das Anfertigen von Aufzeichnungen oder Exzerpten (s. dazu *Lektion 11*), Kopiertätigkeiten usw. vorzusehen.

Planungszeitraum: ca. 3 Wochen / plus 1 Woche Reserve für Unvorhergesehenes; gesamt: 4 Wochen.

[33] Dieses Planungsraster lässt sich - cum grano salis - auch auf die Anfertigung einer Diplomarbeit bzw. Dissertation übertragen. Man müsste zu diesem Zweck lediglich die einzelnen Phasen entsprechend des (z.T. erheblich) längeren Zeitrahmens hochrechnen.

Phase 2: Erste Sichtung des gefundenen Materials

Jetzt sollte das Material einer ersten Auswertung unterzogen und der jeweilige Bezug zum konkreten Hausarbeitsthema bzw. seinen einzelnen Aspekten hergestellt werden. Dazu gehört es auch bereits, eigene Aufzeichnungen zu machen.

Planungszeitraum: ca. 1 Woche; gesamt: 5 Wochen.

Phase 3: Ausarbeitung eines ersten Gliederungsentwurfes

Als Ergebnis der ersten Auswertung des Materials kann nun die Grundstruktur der Gliederung entworfen werden, deren einzelne Unterpunkte inhaltlich bereits mit korrespondierenden Gedankengängen und Argumenten skizzenhaft gefüllt werden sollten. So erhält man eine Übersicht, was an welcher Stelle ausgeführt werden soll und ob alle geplanten Punkte und Aspekte auch ihren angemessenen Niederschlag finden.

Planungszeitraum: ca. 2-3 Tage; gesamt: 5 1/2 Wochen.

Phase 4: Erste Durchformulierung der Arbeit

In diesem Schritt werden die zuvor nur skizzenhaft aufgezeichneten Punkte im Einzelnen ausformuliert und miteinander in Verbindung gebracht. Dabei halte man sich jedoch noch nicht bei Details auf, sondern beschränke sich zunächst einmal darauf, das Ganze von vorne bis hinten durchzuformulieren - von Einleitung und Schluss vorerst abgesehen[34].

Planungszeitraum: ca. 3 Wochen / plus eine ½ Woche Reserve; gesamt: ca. 9 Wochen.

---

[34] Wie man am besten einleitet und welchen Schluss man im Einzelnen wählt, vermag man in aller Regel nach Fertigstellung des eigentlichen Hauptteils der Arbeit viel leichter zu entscheiden. Gleichwohl sind immer wieder Stimmen von Leuten zu vernehmen, die tatsächlich behaupten, ohne die vorherige Einleitung gar nicht mit dem Schreiben des Hauptteils beginnen zu können. Wenn dem wirklich so ist, muss man am Ende gegebenenfalls eben in Kauf nehmen, für den Papierkorb gearbeitet zu haben.

Phase 5: Abstimmung von Text und Gliederungsentwurf

Im Zuge dieser neuerlichen Abstimmung erweist sich die Gliederung in aller Regel als korrekturbedürftig: Inhalte von Unterpunkten stimmen nicht (mehr) oder nur noch begrenzt mit der Gliederungsüberschrift überein, Gliederungstiefe und Textumfang entsprechen sich nicht, zusätzliche Unterpunkte sind zu bilden oder die Gliederung ist insgesamt zu straffen o.ä.

Planungszeitraum: 2-3 Tage; gesamt: gute 9 Wochen.

Phase 6: Ausformulierung der Arbeit

In einem zweiten Durchgang kann man sich dann an die sprachliche Endfassung des Textes machen: Formulierungen werden geglättet, Sätze vereinfacht und bisher offen gebliebene Detailformulierungen auf den Punkt gebracht.

Zu dieser Phase gehört auch die Schlussredaktion des Manuskripts, d.h. der abschließende Durchlauf, insbesondere wenn man es zuvor jemandem anderen zum 'Gegenlesen' in die Hand gegeben und mit Korrekturhinweisen zurückerhalten hat[35].

Planungszeitraum: 1 Woche / plus 3-4 Tage Reserve; gesamt: rd. 11 Wochen.

Phase 7: Formale Abschlussarbeiten

Am Ende bleiben noch Anmerkungen und Zitate auf ihre Richtigkeit zu überprüfen bzw. die noch fehlenden bibliographischen Angaben zu ergänzen, die endgültige Literaturzusammenstellung anzufertigen usw. Dabei ist Zeit für eventuelle nochmalige kurze Bibliotheksgänge einzuplanen.

---

35 Dies sei gerade dem ungeübten Schreiber dringend empfohlen. Dabei ist es nicht unbedingt erforderlich, dass die Korrektur lesende Person fachlich entsprechend ausgewiesen ist. Wer allerdings über Schreibübung oder -talent und obendrein über Fachkenntnisse verfügt, kann einem da natürlich mehr helfen als jemand, der nur guten Willen mitbringt. Einen durchaus positiven Effekt in Bezug auf die erneute Überformulierung des eigenen Textes hätte es im übrigen, sich das Manuskript nach einem gewissen zeitlichen Abstand (etwa 4-8 Wochen) noch einmal vorzunehmen - eine Möglichkeit, die in Anbetracht der hier unterstellten Terminvorgabe allerdings entfiele.

Zusätzlich muss die Arbeit jetzt, sofern nicht von Anbeginn geschehen, in das gewünschte bzw. geforderte Abschlusslayout gebracht werden. Dieser Schritt ist nicht selten noch mit einigen überraschenden Schwierigkeiten verbunden, vor allem im Hinblick auf die voranzustellende Gliederung (nebst Seitenverweisen), das Literaturverzeichnis, die Paginierung, Seitenumbrüche u.a.m. Der PC reagiert offenbar gerade in dieser Phase der Manuskripterstellung nur allzu häufig so, als ob er 'Flugzeuge im Bauch' hätte: Abstürze, Blackouts und sonstige Anomalitäten scheinen plötzlich an der Tagesordnung. Psychoanalytiker würden die These aufstellen: "Er will eben Ihr Manuskript nicht herausrücken!"

Planungszeitraum also: 4-5 Tage; gesamt: knapp 12 Wochen.

Reservezeit für Pleiten und Pannen

Auf alle Fälle sollte man obendrein noch eine zusätzliche Zeitreserve für allerlei Störungen, Pannen, Pleiten sowie anderweitige private Inanspruchnahme einplanen.

Planungszeitraum: etwa eine knappe Woche; insgesamt also: gute 12 Wochen.

Fazit: Arbeitsplanung bedeutet zwar selbst Arbeit, führt aber im Vergleich zum spontanen, unkoordinierten Herangehen an die Aufgabe zu einem effizienteren, weil kontrollierten und zeitlich koordinierten Lern- bzw. Arbeitsprozess und hilft, potenzielle Panik zu vermeiden. Sie ist daher für einen erfolgreichen Studienablauf faktisch unverzichtbar. Allerdings fallen hinsichtlich dieser Frage die individuellen Neigungen und Vorlieben - bis hin zu besonderen Ticks - höchst unterschiedlich aus, so dass man hier nicht allzu pedantisch in den Empfehlungen sein sollte.

LEKTION 8:
Einzel- oder Gruppenarbeit?

'Es gibt viel zu tun,
fangt schon mal an!'

Endlich allein!

Fragen wir nach den Vor- bzw. Nachteilen individuellen Arbeitens, so lassen sich vor allem die folgenden auflisten:

Vorteile	Nachteile
Man kann das Arbeitstempo individuell bestimmen und nach Bedarf Pausen einlegen. Von niemandem wird Druck ausgeübt, wann man was und zu welchem Zeitpunkt erledigt haben soll.	Isoliertes Lernen verzichtet auf die wechselseitige Kontrolle durch Kommilitonen und den daraus resultierenden Motivationsdruck.
Gewisse Tätigkeiten lassen sich allein häufig effektiver durchführen, so z.B. die Neuaufnahme von Lernstoff wie Buchlektüre, Einpauken von Daten, Regeln, Lösungstechniken u.ä., oder auch der erste Entwurf einer Hausarbeitsformulierung.	Unklarheiten müssen allein bewältigt werden und können nicht durch die Kompetenz anderer Gruppenteilnehmer geklärt werden. Nicht selten bereitet nämlich dem einen erhebliche Verständnisschwierigkeiten, was dem anderen problemlos von der Hand geht.

Man ist niemandem - außer sich selbst - Rechenschaft schuldig, weder in terminlicher noch inhaltlicher Hinsicht.	Die Gewichtung des Lernstoffs muss allein eingeschätzt werden. Dabei kann es passieren, dass man sich zu lange mit unwichtigen Details oder Fragestellungen aufhält.

Wieso ich, wenn andere für mich arbeiten?

Welches sind - umgekehrt - die Vorteile und Gefahren der Gruppenarbeit[36]?

Vorteile	Gefahren
Man kann die Möglichkeiten der Arbeitsteilung nutzen: z.B. kann die Lektüre eines (umfangreichen) Buches so unter die Gruppenmitglieder verteilt werden, dass jeder nur einen bestimmten Part übernimmt und darüber dann - gegebenenfalls - referiert.	Oftmals wird Zeit vergeudet, weil die Diskussion ziel- oder orientierungslos verläuft: man schweift vom Thema ab oder argumentiert im Kreise. Auch private, der Sache wenig zweckdienliche Meinungsverschiedenheiten werden nicht selten allzu breit ausgetragen. Der Grund für solch ineffektive, unstrukturierte Debatten liegt i.d.R. an einer 'schlaffen', d.h. vor allem zu wenig durchsetzungsfähigen bzw. respektierten Diskussionsleitung.

[36] Die Argumente wiederholen sich dabei zum Teil natürlich.

Vorteile	Gefahren
Es besteht die Möglichkeit, mittels Vortrag und Diskussion sein Wissen bzw. Verständnis der Dinge wechselseitiger Kontrolle zu unterziehen. Der Versuch, anderen einen Sachverhalt zu erklären, lässt in der Regel eigene, zuvor gar nicht vermutete Verständnismängel offenbar werden.	Einzelne Mitglieder versuchen immer wieder, die Diskussion zu sehr an sich zu reißen und/oder setzen bei der inhaltlichen und strukturellen Arbeit falsche oder unangemessene Schwerpunkte - mit den oben bereits genannten negativen Folgen.
Man lernt, dass der Stoff von anderen unterschiedlich interpretiert wird bzw. werden kann und eignet ihn sich dadurch mit mehr Distanz, d.h. vor allem differenzierter und kritischer an.	Nicht selten geht es manchem nur darum, vor den anderen als besonders schlau dazustehen. Ein freies Gespräch - unabdingbare Voraussetzung jeder konstruktiven Debatte - findet auf diese Weise nicht statt.
Ein gewisser Gruppendruck hält zu diszipliniertem Lernen an, so vor allem zum Einhalten vereinbarter Termine, zur fristgerechten Erledigung der übernommenen Arbeiten usw.	Konkurrenz belebt nicht immer das Geschäft: in Diskussionen kann konkurrierendes Verhalten der Gruppenmitglieder untereinander die Effizienz behindern, weil nicht nach der besten Lösung oder dem Kompromiss gesucht wird, sondern der eigene Prestigeerfolg im Vordergrund steht.
Man übt sich zwangsläufig in Rhetorik, was sich nicht zuletzt für das spätere Berufsleben von Vorteil erweisen wird.	

Vorteile	Gefahren
Manch einer gewinnt an emotionaler oder psychischer Kraft bzw. persönlicher Stärke, wenn er sich auf Dauer erfolgreich in der Gruppe durchzusetzen lernt. Solche positiven gruppendynamischen Effekte sind gegenüber dem Gefühl einer latenten Zeitvergeudung, 'weil in der Gruppe alles sehr viel länger dauere', abzuwägen.	Auch Parteibildungen innerhalb der Gruppe können den Lernfortschritt blockieren, weil es - wiederum - mehr um den 'Sieg' der eigenen Partei geht als um die Sache bzw. das inhaltliche Argument.
Auch die sozialen Komponenten sprechen für Gruppenarbeit. Aus gut funktionierenden Semester-Gruppen entstehen oftmals persönliche Bindungen für die gesamte Studienzeit und nicht selten sogar darüber hinaus.	

Laisser-faire oder Laisser-aller?

Wie lassen sich die Gefahren der Gruppenarbeit abwenden und ein effizientes kooperatives Arbeiten erreichen? Hier ein paar Ratschläge:

- Es sollten nur Mitglieder akzeptiert werden, die bereit und auch in der Lage sind, ein gewisses Maß an Disziplin in Bezug auf Pünktlichkeit, Zuverlässigkeit hinsichtlich der übernommenen Aufgaben u.ä. an den Tag zu legen.
- Für jede Sitzung ist, u.U. in abwechselnder Reihenfolge, eine Person zu bestimmen, welche die Leitung und Diskussionsführung übernimmt. Es ist darauf zu achten, dass diese Leitungsfunktion dann von den anderen Mitgliedern auch respektiert wird.

- Nach den ersten Sitzungen sollte eine Manöverkritik erfolgen, bei der es vor allem um folgende Fragen geht: Kommt die Gruppe in Bezug auf das gesetzte Lernziel voran? An welchen Punkten und wodurch ist die Diskussion - gegebenenfalls - ineffizient verlaufen? Welche Fehler sind auf Seiten der Diskussionsleitung begangen worden: zu wenig strukturiert, weitschweifige Redebeiträge oder auch allgemeines Durcheinanderreden zugelassen, private Meinungsverschiedenheiten nicht unterbunden? Welche Verbesserungsvorschläge folgen aus der Kritik?
- Beachte daher: Man sollte die Erwartungshaltung für die ersten Sitzungen nicht allzu hoch ansetzen. Die Herausbildung einer gewissen Gruppendynamik braucht seine Zeit und effiziente Teamarbeit muss erst erlernt werden.
- Vielredner sind davon zu überzeugen, dass eine ausgewogenere Diskussionsbeteiligung aller Gruppenmitglieder wünschenswert und per saldo effektiver ist. Jeder muss tendenziell dazu aktiviert werden, seine individuelle Hemmschwelle zu überspringen und sich mit konstruktiven Beiträgen an der Diskussion zu beteiligen. Nicht zuletzt muss bzw. soll man sich darin üben, schwierige Sachverhalte in eigene Worte zu fassen und seine Ansichten präzise zu artikulieren.
- Potenzielle persönliche Divergenzen oder Animositäten sollten hintangestellt bzw. so weit wie möglich aufgedeckt und alsbald ad acta gelegt werden. Man kann ja später in der Kneipe noch weiter darüber reden.
- Man muss lernen, die Scheu abzulegen, andere, sei es inhaltlich, sei es in ihrem gruppendynamischen Verhalten, zu kritisieren. Polemik ist jedoch fehl am Platz. Sachliche, konstruktive Kritik ist gefragt bzw. bringt allein weiter. Dies bedeutet auf der anderen Seite natürlich auch, dass man selbst bereit und in der Lage sein muss, Kritik am eigenen Standpunkt oder Verhalten entgegenzunehmen bzw. auszuhalten.
- Fazit: Das Ziel einer Gruppendiskussion darf nicht im (individuellen) Sieg bestehen, sondern im (gemeinsamen) Gewinn!

So sollte es eigentlich funktionieren

Abschließend sei ein Muster für den Ablauf effizienter Gruppenarbeit zur Erarbeitung eines Themenschwerpunktes, z.B. zwecks Prüfungsvorbereitung, skizziert:

- Auf einer ersten, informatorischen Sitzung sollte es zunächst nur darum gehen, dass sich Mitglieder untereinander etwas näher kennen lernen und gemeinsam das Gruppenziel festlegen. Adressen und Telefonnummern sind auszutauschen, das (oder die) konkrete(n) Arbeitsziel(e) sind zu formulieren bzw. abzustimmen usw.

- In den folgenden Sitzungen sollten dann die Möglichkeiten der Arbeitsteilung umgesetzt werden, indem die einzelnen Aufgaben näher bestimmt und anschließend personell zugewiesen und koordiniert werden. Hierzu ist vor allem eine Zusammenstellung der einschlägigen Literatur- und Datenquellen vorzunehmen. Fragestellungen, unter welchen die Literatur durchzugehen ist bzw. die Online-Recherche zu erfolgen hat, sind zu entwickeln und festzuhalten. Dann kann die Verteilung dessen erfolgen, wer was zu lesen oder zu erkunden hat, wer referieren bzw. eine schriftliche Ausarbeitung vorlegen soll usw. Im Zusammenhang damit empfiehlt es sich, einen möglichst detaillierten und zeitlich verbindlichen Arbeitsplan zu verabschieden.

- Nach wechselseitiger Kenntnisgabe bzw. -nahme des durchgesehenen Materials ist dieses für die anstehenden Fragestellungen speziell auszuwerten. In der Regel erweisen sich die Ergebnisse überarbeitungsbedürftig und/oder sind um neue Aspekte zu ergänzen. Unverhofft aufgetauchte Probleme sind - soweit das in diesem frühen Arbeitsstadium möglich ist - zu klären und neu entdeckte Literaturquellen zwecks Prüfung bzw. Auswertung (erneut) auf die Mitglieder der Gruppe zu verteilen.

- Danach trifft man sich abermals, um auf Basis des erweiterten Kenntnisstandes zu diskutieren und hält die gewonnenen Zwischenergebnisse protokollarisch fest (s. dazu *Lektion 19*).

- Dann kann man sich daran machen, die eingangs formulierten und gegebenenfalls überarbeiteten Fragestellungen einer konkreten Beantwortung zuzuführen. Die Resultate sind in schriftlicher Form zu fixieren und auf Widerspruchsfreiheit zu prüfen. Offen gebliebene Fragen müssen als solche - vorerst - festgehalten und ihre Klärung für spätere Sitzungen vorbehalten werden.

- Je nach Charakter der korrespondierenden Lehrveranstaltung sind die erarbeiteten Ergebnisse jetzt entweder unmittelbar in die Veranstaltung einzubringen oder zumindest mit der Lehrperson durchzusprechen bzw. ihr mit der Bitte um Stellungnahme zu präsentieren.
- Am Ende jeder Gruppenarbeit sollte die abschließende Manöverkritik stehen und eine ehrliche Antwort auf die Frage versucht werden, ob bzw. inwieweit es gelungen ist, die anfänglich gesteckten Ziele auch in die Tat umgesetzt zu haben. Beides ist für die Steigerung der Effizienz bzw. Klimaverbesserung bei künftigen Arbeitsgruppenbildungen von großer Wichtigkeit.

Fazit: Es ist ein Missverständnis zu meinen, Gruppenarbeit sei Zeitvergeudung. Sie kann vielmehr dazu verhelfen, kontrollierter und disziplinierter sowie in einer sich wechselseitig anregenden und anspornenden Weise effektiver zu arbeiten, als dies bei individuellem und isoliertem Vorgehen möglich ist.

LEKTION 9: Lesegeschwindigkeit und diagonales Lesen

'Halbieren Sie Ihr Gewicht in zwei Wochen, ohne weniger zu essen!'

Aufgabe:

Nehmen Sie eine Stoppuhr zur Hand und messen Sie die Zeit, die Sie benötigen, um diese Lektion vollständig durchzulesen!

Beantworten Sie anschließend die am Ende gestellten Kontrollfragen!

Zeitnahme: Anfang ⏱

Zeit ist wie Geld: vor allem knapp!

Diese Binsenweisheit haben wir schon in einer früheren Lektion gehört. In Bezug auf unser Leseverhalten bedeutet dies vor allem zweierlei:

- Die eigene Lesegeschwindigkeit sollte zum einen auf ein Maximum gesteigert werden, allerdings so, dass der Grad der Aufnahme- bzw. Behaltensfähigkeit dadurch nicht vermindert wird.
- Hilfreich erweist sich dabei vor allem die Fähigkeit, Texte diagonal lesen und erfassen zu können[37].

Beides sind Zielvorgaben, deren erfolgreiche Umsetzung individuell sicherlich recht unterschiedlich ausfallen wird, denn jeder hat im Laufe der Jahre eine bestimmte individuelle Lesegeschwindigkeit angenommen bzw. antrainiert, von der er nur mühsam entwöhnt werden kann. Sie geht zudem mit einer ganz bestimmten Aufnahmeintensität einher, die sich mit fortgeschrittenem Lernalter ebenfalls nur schwer steigern lässt. Von den Klappentexten oder Vorworten entsprechender Wunderbücher (wie etwa:

[37] Man spricht auch vom Quer- oder kursorischen Lesen.

'In wenigen Tagen vervierfachen Sie Ihre Lesegeschwindigkeit!' oder: *'Vervielfachen Sie Ihre Aufnahmegeschwindigkeit und behalten Sie das Doppelte!')* sollte man sich da ebenso wenig blenden lassen wie von den beliebten Diät-Lügen (s. Vorspruch zu diesem Kapitel)!

Bedenke: Was für einen Roman von Konsalik oder Simmel durchaus Erfolg versprechen mag, muss bzw. wird auf einen anspruchsvollen wissenschaftlichen Text noch lange nicht zutreffen.

Was ist von optimierenden Lesetechniken zu halten?

Im Allgemeinen laufen die vorgeschlagenen Techniken zum optimalen (rationellen, schnelleren) Lesen - bei punktuellen Unterschieden - auf folgende Hauptstrategien hinaus: Sie versuchen im Wesentlichen,

- sog. schlechte Lesegewohnheiten abzustellen; dazu zählen z.B. leises Mitsprechen oder gar Buchstabieren, ein mit dem Finger oder dem Stift wort- bzw. zeilenweises Mitgehen ebenso wie ein häufiges Zurückblicken im Text u.ä.,
- die Blickspanne zu trainieren, d.h. vor allem zu erweitern, um mehr Wörter auf einmal erfassen zu können,
- Übungen zur Erhöhung der Konzentrationsfähigkeit und für das Gedächtnistraining anzubieten sowie
- mittels zahlreicher Leseaufgaben mit Zeitnahme Erfolgskontrollen für das erreichte Lesetempo und den Verständnisgrad durchzuführen.

Empfehlung: Nehmen Sie eines dieser Bücher zur Hand und überprüfen Sie selbst, inwieweit Ihnen die dargebotenen Tipps und Übungen persönlich helfen, Ihre Lesegeschwindigkeit bzw. Konzentrations- und Behaltensfähigkeit zu steigern. Legen Sie aber das Buch nicht sogleich, etwa schon nach 2-3 Übungen, wieder fort, wenn Sie feststellen, dass sich der versprochene Erfolg nicht sofort einstellt. Die Autoren solcher Schriften betonen zu Recht, dass hierzu in aller Regel eine gewisse Eingewöhnungszeit vonnöten ist, die je nach individuellen Ausgangsbedingungen unterschiedlich lang ausfällt. Etwas Geduld kann sich hier also durchaus auszahlen. Aber wie gesagt: Erwarten Sie keine Wunder!

Wie liest man - um Gottes willen - diagonal?

Auch die Kunst des diagonalen oder Quer-Lesens verlangt keine besondere artistische Lesebegabung. Sie reduziert sich bei näherem Zusehen vielmehr auf einige recht allgemeine, z.T. mehr oder weniger banale Hinweise.

Will man einen umfangreichen Text in kürzester Zeit auf seinen Hauptinhalt, die zentralen Aussagen und Schlussfolgerungen, sein methodisches Vorgehen usw. hin überprüfen oder auch nur darauf, ob er für die eigene Thematik oder Fragestellung von Bedeutung ist (um ihn später gegebenenfalls näher zu studieren), so bieten sich folgende Strategien an:

- Gehen Sie zunächst das Inhaltsverzeichnis aufmerksam durch!
- Überfliegen Sie das Vorwort (soweit vorhanden) sowie die Einleitung. Dort werden häufig neben einer Heranführung an die Thematik auch der Gang der Untersuchung, die wichtigsten Ergebnisse, ausgesparte Aspekte u.ä. erläutert.
- Zweckdienlich ist auch ein kurzes Anlesen der Kapitelanfänge bzw. jeweiligen Schlussteile. Dort finden sich oftmals Hinweise über die inhaltliche Einordnung in den Kontext der Arbeit.
- Darüber hinaus empfiehlt es sich, nach Überblicken, Zwischenresümees und Zusammenfassungen zu suchen.
- Optische Hilfen für ein schnelles Erfassen der inhaltlichen Schwerpunkte von Kapiteln, Absätzen o.ä. bieten Hervorhebungen von Wörtern oder Passagen (z.B. kursiv, fett, unterstrichen). Sie kommen in der Fachliteratur allerdings nur höchst selten zum Einsatz.
- Ein Nachschlagen im Literaturverzeichnis und - sofern vorhanden - im Stichwortregister gibt weitere Aufschlüsse über Einschlägigkeit und Detailtiefe des betreffenden Textes.
- Nützlich kann es auch sein, wenn man in Fachzeitschriften eine Besprechung des Buches entdeckt. Die meisten Zeitschriften verfügen über ein Jahrgangsregister aller darin besprochenen Bücher. In Betracht kommen hierfür vor allem die beiden ersten Jahrgänge nach dem Erscheinungsjahr des Buches.

Legen Sie sich Fragen an den Text zurecht!

In Bezug auf die Verwertbarkeit von Texten für die eigene Arbeit, ist es sinnvoll, sich vor Sichtung der Literatur einen individuellen Fragenkatalog zurechtzulegen, um so die Texte von Anfang an gezielter auf die Beantwortung der spezifischen Fragen hin zu lesen. In den Katalog könnten z.B. folgende Aspekte aufgenommen werden:

- Themenschwerpunkt(e)
- Theoretisches bzw. fachliches Niveau
- Aktualität des Beitrags
- Quantität und Qualität der Literaturverarbeitung
- Wissenschaftliche bzw. wissenschaftstheoretische Position des Verfassers
- Relevanz für die eigene Arbeit, gegebenenfalls für welche spezifischen Teile
- u.ä.m.

Schließlich sollte man sich fragen, ob es sich lohnt, einen Kurzauszug (Exzerpt) des Textes anzufertigen (s. dazu noch *Lektion 11*).

Zeitnahme: Stop! 🕒

Benötigte Zeit eintragen:	....
Wörter insgesamt:	.... **771**
Wörter pro Minute (WpM):	....

Bewertung: Ungeübte erreichen ca. 120 WpM (hätten also etwa knapp 6 Minuten für den Text gebraucht), Geübte ca. 240 (das entspricht weniger als 3 Minuten)! Liegen Sie dazwischen, können Sie sich Ihre 'Einzelnote' selbst ausrechnen!

Versuchen Sie nun, ohne noch einmal zurückzublicken, die folgenden Fragen zu beantworten:

1) Welche Fähigkeiten gilt es, zwecks Verbesserung des Leseverhaltens zu erlernen?

....

....

....

2) Nennen Sie mindestens drei sog. schlechte Lesegewohnheiten!

....

....

....

3) Welche Empfehlung wird für Bücher wie 'Rationelles Lesen' hier ausgesprochen?

....

....

....

4) Wiederholen Sie mindestens vier der angesprochenen Tipps zum Querlesen!

....

....

....

5) Worin besteht der Vorteil, an die zu sichtende Literatur mit einem bestimmten, vorgefertigten Fragenkatalog heranzugehen?

....

....

....

Bewertung: Bei 'normaler' Behaltensintensität müssten Sie von den Fragen etwas mehr als die Hälfte (also etwa drei) beantwortet haben können!

LEKTION 10: Markieren

Gut markiert ist halb kopiert!

Nach Herzenslust anstreichen?

Entschließt man sich, einen Text nach erstem Querlesen einer eingehenden Lektüre zu unterziehen, dann hilft eine gezielte Markierung bestimmter Passagen, ihn nachhaltiger zu verarbeiten.

Allerdings, das sei vorweg betont, gelten die folgenden Empfehlungen nur für Bücher, Skripte oder Unterlagen, die sich im Eigentum des Bearbeiters befinden. In geliehenen Büchern oder Zeitschriften darf man auf keinen Fall Markierungen vornehmen! Sie stellen für die späteren Benutzer der Publikation auch keine willkommene Lesehilfe dar, wie manche offenbar meinen, im Gegenteil: Die Durcharbeitung eines Textes wird erschwert, wenn ein anderer aus seiner Perspektive oder Fragestellung heraus oder auf Basis anderer Grundkenntnisse die Schrift zuvor 'aufbereitet' hat[38]. Dies führt spätere Leser tendenziell in die Irre, da die markierten Passagen den Blick automatisch auf sich ziehen und von den für sie eigentlich relevante(re)n ablenken.

Besonders negativ wirken sich Markierungen mit farbigen Textmarkern aus, weil sie obendrein die Anfertigung einer lesbaren Kopie nahezu unmöglich machen. Meint man, auch bei geliehenen Büchern auf Markierungen partout nicht verzichten zu können, so dürften sie höchstens mit einem weichen Bleistift vorgenommen und müssten vor Rückgabe des Buches wieder vorsichtig entfernt werden. Allerdings sollte man sich das gut überlegen, da sich dieses Verfahren am Ende als umständlicher und zeitaufwändiger erweisen könnte, als wenn man unmittelbar exzerpiert hätte. Viel praktischer ist die Verwendung leicht klebender Zettelchen (sog. Haftnotizen), die es überall im Fachhandel gibt. Sie lassen sich

[38] Hinzu kommt, dass die meisten die Grundregeln des sinnvollen Markierens nicht beachten, dies also - sträflicherweise - tun, ohne diese Lektion zuvor intensiv studiert zu haben.

farblich differenziert einsetzen, unproblematisch beschriften und, ohne Beschädigungen am Buch zu hinterlassen, später wieder entfernen.

Will man sich der Markierung als Hilfsmittel bedienen, besteht also nur die Alternative, sich entweder ein eigenes Exemplar anzuschaffen (hier kommen v.a. Lehrbücher in Betracht) oder den Text zu kopieren, zumindest in seinen einschlägigen Passagen oder Kapiteln. Dabei darf man dann allerdings auf keinen Fall vergessen, die Literaturquelle zu notieren, und zwar gleich ganz genau. Verwenden Sie keine Kürzel, deren exakte Bedeutung Sie oftmals schon Wochen später nicht mehr identifizieren können[39]! Am besten kopiere man die Titelseite des betreffenden Buches oder der Zeitschrift gleich mit[40].

Sinnvolle Textmarkierung bringt Vorteile

Fragen wir nach den Vorzügen, die eine systematische Textmarkierung mit sich bringt:

- Zunächst stellt sie eine wichtige Strukturierungshilfe für den Inhalt des Textes dar. Fragestellungen, Hauptthesen und Ergebnisse können mit unterschiedlicher Markierung als solche optisch gekennzeichnet und bei Bedarf rasch wieder aufgefunden werden. Das bietet den Vorteil, sowohl den Aufbau des Textes als auch seinen roten Faden klarer erfassen bzw. festhalten zu können. Geht man, wie das häufiger der Fall sein wird, den Text später erneut durch, braucht man ihn nur noch entlang der vorgenommenen Markierungen diagonal zu lesen, um sich die inhaltlichen Schwerpunkte zu vergegenwärtigen und/oder andere Informationen gezielt herauszuziehen.
- Mit der gleichen Zielsetzung können wörtliche Zitate, die jeweiligen Anfänge von Argumentfolgen (*erstens, zweitens, drittens* ...), Autorennamen, Literaturverweise usw. hervorgehoben werden.

---

39 Beispiel: Sie kürzen die *Zeitschrift für Wirtschaftswissenschaften* als 'ZfWiss' ab. Später wissen Sie nicht mehr, ob damit 'Zeitschrift für *die* Wirtschaftswissenschaft' oder '-schaft*en*' oder gar nur '*Wissenschaft*' gemeint war.

40 Das Erscheinungsjahr steht bei Büchern allerdings oftmals auf der Rückseite des Deckblattes; also: Entweder auf der Kopie der Vorderseite nachtragen oder die Rückseite mitkopieren!

- Darüber hinaus wird durch dieses Verfahren eine nicht zu unterschätzende psychologische Lern- und Motivationshilfe geschaffen. Das Vorhaben, den Text optisch anzustreichen, wirkt als Anreiz, ihn auch richtig bzw. effektiv aufzubereiten, und erhöht die Konzentration bei der Lektüre. Besonders für den visuellen Typ (vgl. oben *Lektion 2*) stellt dieses Mittel eine geeignete Lern- und Lesehilfe dar. Nicht zuletzt mag die optisch sichtbare Bearbeitung des Textes das befriedigende Gefühl hervorrufen, das Material auch gründlich durchgearbeitet zu haben.

Markierungssysteme

Es gibt grundsätzlich zwei unterschiedliche Arten der Markierung: Unterstreichen und/oder Setzen von Zeichen und Symbolen am Textrand auf der einen und 'Anstreichen' mit farbigen sog. Textmarkern auf der anderen Seite.

Beide Techniken lassen sich natürlich auch kombinieren. Es ist sinnvoll, sich möglichst bald für ein bestimmtes Verfahren zu entscheiden und die gewählte Systematik der Symbole bzw. Farben dann konsequent beizubehalten. Nur so besteht die Gewähr, dass Textmarkierungen selbst nach geraumer Zeit noch identifizierbar bleiben und darin besteht ja ihr Hauptzweck.

Sinnvolles Markieren verlangt in erster Linie den sparsamen Umgang mit diesem Instrument. Der Effekt der Markierung geht verloren, wenn mehrere Sätze hintereinander oder im Extremfall ganze Kapitel unterstrichen oder farblich unterlegt sind. Hier einige Tipps dazu:

Tipp 1: Es ist wichtig, sich mit Markierungen zunächst zurückzuhalten und nicht sogleich spontan drauflos herumzustreichen. Man sollte immer erst einen längeren Abschnitt durchlesen, bevor man zum Bleistift oder Marker greift. Hervorgehoben werden sollten nur die zentralen Aussagen des Abschnitts, besser sogar: nur die entscheidenden Stichpunkte bzw. Stichworte. Aussagen werden in Texten oftmals wiederholt, z.B. zu Beginn eines Kapitels, etwa als Einführung in die Problemstellung, und erneut am Ende als (Zwischen-)Resümee oder Zusammenfassung oder sie tauchen im Zuge ihrer Herleitung, Erläuterung und Begründung im

Kapitel selbst in verschiedenen Formulierungen auf. In solchen Fällen reicht es aus, nur eine der Passagen hervorzuheben, am besten diejenige, die am differenziertesten bzw. einprägsamsten formuliert ist.

Tipp 2: Beim Markieren mit Textmarkern kann man sich mehrerer Farben bedienen, etwa um unterschiedliche Relevanzgrade von Sätzen oder Worten hervorzuheben. Daneben kann man z.B. für Eigennamen, Literaturangaben, Jahreszahlen, Fußnoten, Ordnungsziffern bzw. -wörter (wie *erstens*, *zweitens* usw. oder *einerseits - andererseits)* jeweils verschiedene Farben einsetzen, um solche Spezifika besonders rasch (wieder) auffinden zu können. Wichtig ist, sich hier möglichst bald zu entscheiden und die getroffene Farbwahl dann strikt durchzuhalten. Natürlich gilt auch hier der Grundsatz des sparsamen Umgangs.

Tipp 3: In Ergänzung zur Hervorhebung durch Stiftmarker können als inhaltliche Strukturierungshilfe am Rande des Textes zusätzlich Symbole mit bestimmter Bedeutung gesetzt werden, die ebenfalls der rascheren (Wieder-)Erfassung des roten Fadens und der Struktur des Textes dienen.

Beispiel bzw. Vorschlag:

?	=	unklare Stelle
+	=	(besonders) wichtige Stelle
Σ	=	Zusammenfassung
!	=	sic[41]!
o	=	Beispiel
F	=	Fragestellung
D	=	Definition
A	=	Annahme
⇒	=	Fazit
L	=	wichtiger Literaturverweis

usw.

---

41 Siehe hierzu das individuelle Abkürzungsverzeichnis (*Lektion 18,* S. 169).

Dazu kann, sofern nicht bereits durch Farbmarkierung geschehen, mit einfachem oder doppeltem Längsstrich am Rande die jeweilige Wichtigkeit der Passage bzw. Symbolbedeutung noch abgestuft werden.

Kurz zusammengefasst:

- Legen Sie sich in Bezug auf Ihren Markierungsmodus (Bedeutungen der verschiedenen Farben, Zeichen u.ä.) möglichst bald fest und behalten diesen dann bei!
- Lesen Sie erst abschnittsweise voraus, und setzen Sie die Markierungen im Anschluss daran in einem zweiten Durchgang!
- Markieren Sie nur soviel wie unbedingt notwendig!

LEKTION 11: Exzerpieren

"Was man schwarz auf weiß besitzt, kann man getrost nach Hause tragen."

Schüler in Goethe's Faust

Exzerpieren ist mehr als Abschreiben

Ein Exzerpt (*excerpere* [lat.] = herausziehen) zu erstellen bedeutet, von einem Manuskript einen Kurzauszug anzufertigen. Es geht um die Reduzierung eines Textes auf seinen Kern in möglichst komprimierter und übersichtlicher Form. Auf Details, Einzelargumentation oder Beispielserläuterungen wird verzichtet.

Es gibt grundsätzlich zwei Exzerptmöglichkeiten: die Zusammenstellung wörtlicher Textauszüge oder die Skizzierung des Inhalts in eigenen Worten.

Wörtliche oder sinngemäße Auszüge?

Stellen wir im Folgenden die Vor- und Nachteile beider Verfahren gegenüber:

Wörtliche Auszüge	**Sinngemäße Auszüge**
Vorteile	**Vorteile**
Die Übernahme des 'Originaltons' beugt der Gefahr einer fehlerhaften oder ungenauen Wiedergabe vor.	Ausführliche und allzu lange Originalsätze können auf ihren Kerngehalt komprimiert und stichwortartig festgehalten werden. Das mag nicht zuletzt der besseren Übersichtlichkeit dienen.

Man wird der Mühe enthoben, nach eigenen Formulierungen zu suchen.	Man übt sich in freier Formulierung, was später in der Arbeit grundsätzlich auch gefordert ist (s. dazu noch *Lektion 15*).
Ganze Textpassagen können kopiert und dann 'zusammengeschnippelt', feudaler natürlich: gleich 'eingescannt' werden, was viel Schreibarbeit erspart.	Umständlich verfasste Textvorlagen lassen sich sprachlich vereinfachen. So besteht z.B. die Möglichkeit, Sachverhalte in überblickartiger Form (Schaubilder, Flussdiagramme, Schemata) darzustellen.
Nachteile / Gefahren	**Nachteile / Gefahren**
Passagen können trotz wörtlicher Übernahme verzerrt oder entstellt wiedergegeben werden, z.B. dadurch, dass sie aus dem Kontext gerissen oder entscheidende Worte bzw. (Neben-)Sätze fortgelassen wurden.	Das Original könnte vereinfacht oder gar verfälscht werden. Oft vermischen sich zudem Originaltext und eigene Formulierungen derart, dass später nicht mehr ersichtlich ist, was von wem stammt: vom zitierten Autor oder vom Verfasser des Exzerpts.
Man gibt sich latent weniger Mühe, den Inhalt vollständig zu erfassen, da man sich auf das Original einfach verlässt ('so wird's schon stimmen').	Vielen fällt es schwer, eigene Formulierungen zu finden; sie empfinden diese Form daher als arbeitsaufwändiger. Dabei wird allerdings vergessen, dass das Problem im Grunde nur verschoben wird, wenn die betreffende Stelle später (doch) Eingang in die Arbeit finden soll bzw. muss.

In Anbetracht der jeweiligen Vor- und Nachteile erscheint es empfehlenswert, beide Formen zu kombinieren, um auf diese Weise die Vorzüge beider zu nutzen und den Problemen bzw. Gefahren der einen wie der anderen tendenziell aus dem Wege zu gehen bzw. vorzubeugen.

Vorsicht bei sinngemäßer Übernahme!

Insbesondere bei sinngemäßen Exzerpten sind zwei Punkte unbedingt zu beachten:

- Zum einen muss jederzeit, vor allem auch nach längerem zeitlichen Abstand, klar ersichtlich sein, welche Formulierungen bzw. Gedanken vom zitierten Autor und welche vom Verfasser des Exzerptes stammen. Zwecks eindeutiger Identifizierung wird vorgeschlagen, zu Beginn eigener Formulierungen, Ergänzungen, Kritik, Beispiele o.ä. seine Initialen zu setzen und wörtlich übernommene Passagen durch Anführungsstriche - unter Kenntlichmachung von Fortlassungen und Ergänzungen (s. dazu noch *Lektion 16*) - als solche genau auszuzeichnen.
- Zum anderen ist die Literaturquelle der exzerpierten Passage sogleich exakt festzuhalten: Name des Autors, Titel des Buches bzw. Beitrages und/oder der Zeitschrift, Ort und/bzw. Jahr(gang), Seite usw.[42] Es wird empfohlen, am Anfang eines jeden längeren Exzerpts - in der Identifikationsleiste (s. oben S. 40) - die Titelangabe der Literaturvorlage vollständig zu notieren. Die wörtlich oder sinngemäß übernommenen Passagen brauchen dann nur noch um die entsprechende Seitenzahl ergänzt zu werden (z.B. in Form eines Klammerzusatzes).
- **Gefahren der Online-Recherche**: Da heutzutage ein Großteil der Literaturrecherche online erfolgt und zahlreiche Quellen bzw. Manuskripte - zumindest teilweise - sogar in Volltextform zur Verfügung stehen und somit bequem am PC eingesehen und unter Umständen auch geladen werden können, reduziert sich die Exzerpiertätigkeit zumeist auf das (wörtliche) Kopieren der in Betracht kommenden Textpassagen. Dies führt tendenziell dazu, dass die Fähigkeit, Texte bzw. Argumente in eigenen Formulierungen wiederzugeben, wie es das sinngemäße Exzerpieren übt, zunehmend verlernt wird. Da in der späteren Prüfungsarbeit aber keine Zitatensammlung verlangt ist, sondern

[42] S. hierzu noch genauer *Lektion 16*.

die Verwendung der einschlägigen Literaturquellen in freier Wiedergabe zu erfolgen hat, geht mit dieser Online-Bequemlichkeit eine - zum Teil in erschreckendem Ausmaß zu beobachtende - zunehmende Schwäche im schriftlichen Formulierungsvermögen einher, die teilweise bis zur sprachlichen Hilflosigkeit reicht. Da werden Sachverhalte nicht auf den Punkt gebracht, falsche oder unlogische Satzverbindungen hergestellt (etwa durch *'also'* ..., *'folglich'* ..., *'oder'* ... *'dagegen'* ...), unpräzise, vage oder auch unklare Aussagen getroffen. Derartige 'Unschärfen' lassen Niedergeschriebenes und eigentlich Gemeintes mehr oder weniger stark auseinanderdriften. (Wegen Einzelheiten zur Niederschrift der Arbeit s. unten *Lektion 15*)

'Det fiel mir uff!'

Es erhöht den Informationswert Ihres Exzerpts, wenn Sie am Ende in ein paar persönlichen Anmerkungen und Hinweisen festhalten, was Ihnen sonst noch auffiel, z.B. hinsichtlich

- der Ergiebigkeit des Textes in Bezug auf eigene Zwecke und Fragestellungen sowie
- der Qualität und des fachlichen Niveaus: einfach/schwierig – abstrakt/ konkret - kaum/erhebliche Vorkenntnisse erforderlich - ohne/mit (zahlreichen) Beispiele(n) versehen usw.
- Daneben können auch kritische Anmerkungen notiert und offen gelassene Fragen festgehalten werden u.a.m.

Fazit: Die Erstellung eines zweckdienlichen Exzerpts ist, ähnlich wie bei Mitschriften im Unterricht, gar nicht so einfach. Es beinhaltet, wie eingangs betont, mehr als einen Text nur - auszugsweise - 'abzuschreiben'. Um den Kern erfassen und in gebotener Kürze wiedergeben zu können, muss man ihn zuvor voll verstanden haben; zudem bedarf es einer gewissen Fertigkeit im Formulieren sowie etwas Routine in Bezug auf die Konzeptionierung der optischen, d.h. vor allem einer übersichtlichen Aufbereitung.

LEKTION 12:
Grundsätze wissenschaftlichen Arbeitens

"Aus Fußnoten bist Du geworden;
und zu Fußnoten wirst Du wieder werden"[43]

- bestenfalls!

Kriterien der Wissenschaftlichkeit

Wenn Sie sich an die wissenschaftliche Ausarbeitung eines bestimmten Themas heranmachen, sollten Sie sich an *Lektion 1* erinnern. Dort hieß es, dass die Wissenschaftlichkeit der Bearbeitung darin besteht, sich den Stoff mittels Lektüre selbst zu erschließen und unter der vorgegebenen Frage- bzw. Themenstellung gezielt und systematisch abzuhandeln.

Die Arbeit muss, wenn sie den Kriterien wissenschaftlicher Abhandlungen genügen will, gewisse Mindestanforderungen erfüllen:

- Die Darstellung hat dem Thema in Tiefe und Breite gerecht zu werden.
- Das verwendete bzw. zugrunde liegende Begriffssystem ist klar zu definieren.
- Die Argumentationsfolge muss logisch aufgebaut und für jedermann, der mit dem Fachgebiet einigermaßen vertraut ist, unmittelbar nachvollziehbar sein.
- Die vorkommenden Argumente, Thesen oder Behauptungen müssen, ob mit eigenen oder übernommenen Begründungen, im Einzelnen belegt werden.

Wir wollen uns in dieser Lektion nicht mit sprachlichen, logischen oder gar fachlichen Anforderungen an den Text beschäftigen. Im Folgenden soll es lediglich um einige Grundregeln des wissenschaftlichen Arbeitens

---

[43] Diese 'akademische Variante des Memento mori' findet sich in dem hübschen Beitrag von *Ludger Lütkehaus* unter dem Titel *Unfröhliche Wissenschaft,* in: DIE ZEIT, Nr. 42 vom 15.10.1993, S. 56.

gehen, wie z.B. um die Frage der Objektivität, der Redlichkeit, Originalität u.a.m.

Wie objektiv *muss*, wie subjektiv *darf* ich sein?

Eine wissenschaftliche Abhandlung muss objektiv in dem Sinne sein, dass das Thema nach allen Seiten hin ausgelotet, die einschlägige Literatur weitgehend gesichtet und in ausgewogener Form herangezogen wird. Zitierte oder sinngemäß übernommene Passagen dürfen weder verzerrt noch entstellt wiedergegeben werden. Dies könnte z.B. dadurch geschehen, dass sie aus dem Kontext gerissen eine andere Gewichtung erfahren. Den zitierten Autoren ist soweit wie möglich[44] objektiv gerecht zu werden und Distanz gegenüber zu wahren.

Auf der anderen Seite ist vom Verfasser aber auch Subjektivität insoweit gefordert, als er sich, soweit es von der Themenstellung her verlangt wird, kritisch mit der erörterten Problematik auseinander setzen muss. Das bedeutet, dass neben der Referierung fremder Einwände aus der Literatur zusätzlich auch eigene Kritikpunkte und Stellungnahmen des Verfassers gefragt sind. Diese müssen ihrerseits wohl begründet sein und unterliegen insofern wiederum einem gewissen Objektivitätsanspruch. Das bedeutet, dass die Argumente pro und kontra zu würdigen und - im wahrsten Sinne des Wortes - gegeneinander abzuwägen sind, wobei durchaus deutlich werden kann, zu welcher Seite die Waage nach Ansicht des Verfassers ausschlägt (oder auch in der Schwebe bleibt). Kommen dabei, was letztlich nie ganz zu vermeiden sein wird, subjektive Wertungen ins Spiel, so sind diese offen zu legen. Laut einer berühmten Formulierung des Soziologen *Max Weber*, der sich mit dem Wertproblem und der Objektivität in den Wissenschaften intensiv beschäftigt hat, muss es darum gehen, sich selbst und den anderen *"jederzeit deutlich zu machen, dass und wo der denkende Forscher aufhört und der wollende Mensch anfängt."*[45]

---

[44] Die Formulierung weist darauf hin, dass es selbst in wissenschaftlichen Ausarbeitungen unter Umständen gar nicht gelingen kann, subjektive Färbungen herauszuhalten. Dies stellt aber eine besondere Problematik dar, die wir im Rahmen dieser Schrift nicht behandeln wollen. S. dazu genauer den Literaturverweis in der nachfolgenden Anmerkung.

[45] *Weber' Max,* Die 'Objektivität' sozialwissenschaftlicher und sozialpolitischer Erkenntnis, in: Archiv für Sozialwissenschaft und Sozialpolitik, N.F. 1,

Redlichkeit als oberstes Gebot

Wissenschaftliche Redlichkeit bedeutet im Wesentlichen, ehrlich und genau zu sein. So darf man sich nicht etwa mit fremden Federn schmücken, indem man Gedanken, Thesen o.ä. von anderen übernimmt, ohne dies kenntlich zu machen[46]. Fremdes Gedankengut wird auch durch Umformulierungen nicht zu eignem und bleibt immer quellenpflichtig.

Allerdings ist die Grenze zwischen Aussagen, die der Nachweispflicht obliegen, und solchen, die es nicht tun, fließend und für den Anfänger nicht immer einfach zu ziehen. Für Extremfälle ist die Sache klar: So triviale oder banale Aussagen wie z.B. der Satz *'Die Wirtschaftswissenschaft unterteilt sich in die Volkswirtschafts- und Betriebswirtschaftslehre'* müssen natürlich nicht belegt werden, selbst wenn sie in dieser Form - sogar wörtlich - in zahlreichen Büchern vorkommen sollten bzw. werden. Dagegen erfordert der folgende Satz unbedingt einen Quellenverweis: *'Aus einer Untersuchung des Jahres 2003 geht hervor, dass die These xy für die BRD nicht oder nur bedingt zutrifft.'* Es ist evident, dass der Leser hier nicht nur erfahren will, um was für eine Untersuchung es sich handelt, sondern bei Bedarf auch in sie einsehen will. Dies dürfte insbesondere dann der Fall sein, wenn im Folgenden nicht erläutert wird, was mit dem 'bedingten Zutreffen' der These gemeint ist. Das gleiche gilt für alle Behauptungen, Aussagen und Gedanken, die nicht als Allgemeinplätze der Fachdisziplin anzusehen sind. Geht aus dem Kontext nicht ausdrücklich hervor, dass es sich um eine Ansicht oder These des Verfassers handelt[47], so liegt die Frage in der Luft: Wo ist das her? Wer hat das gesagt oder behauptet?

Zitate sind keine Beweise für Sachverhalte. Sie stellen nicht mehr als in Worte gefasste Argumente von Autoren dar und belegen lediglich, dass dies jemand so gesagt oder geschrieben hat. Auch wenn solche Personen akademische Titel tragen, handelt es sich um Sätze von Menschen, die

---

Band 19 (1904); hier zitiert nach dem Wiederabdruck in: Max Weber, Gesammelte Aufsätze zur Wissenschaftslehre, 3. Aufl., Tübingen 1968, S. 157.

[46] Dies führt bei wissenschaftlichen Arbeiten sogar zur Roten Karte, d.h. es wird als Täuschung gewertet und zieht die Aberkennung der Leistungsbescheinigung mit allen Folgen nach sich (s. dazu auch *Lektion 16*).

[47] Indem z.B. 'nach Ansicht des Verf.' o.ä. hinzugefügt wird. Natürlich muss jede These gleichwohl sachlich begründet werden.

immer einen Schuss Subjektivität enthalten bzw. nur begrenzt objektiv sein können. Sie sind ebenso parteilich wie fehlbar. Wer zitiert, macht sich Argumente anderer Autoren zu eigen, weil er sie für überzeugend bzw. zutreffend hält, es sei denn, man distanziert sich explizit davon. Inhaltlich bewiesen wird damit gar nichts! Es wird lediglich - nicht mehr, aber auch nicht weniger - versucht, den Leser von der Richtigkeit der vorgetragenen Auffassung zu überzeugen.

Welche Begriffe muss man erläutern und welche nicht?

Bei der Formulierung einer wissenschaftlichen Abhandlung ist darauf zu achten, dass zwischen *Alltags*- und *Fachsprache* ein nicht unerheblicher Unterschied besteht. Die Alltagssprache ist oft ungenau. Viele Begriffe sind mehrdeutig und werden von verschiedenen Personen - zudem in verschiedenen Situationen - unterschiedlich verstanden bzw. interpretiert. Für jemanden, der im Laden ein Pfund Tomaten kauft, kommt es nicht darauf an, ob man die 3 €, die er dafür bezahlt, als den Preis oder den Geld-, Tausch- bzw. Nutzwert der Ware bezeichnet. Für eine wissenschaftliche Untersuchung können derartige Unterscheidungen dagegen, Kenner der Preistheorie wissen das, von elementarer Bedeutung sein. Da die wissenschaftliche Vorgehensweise, wie in *Lektion 1* erläutert, durch das methodisch-systematische Herangehen an die Fragestellung gekennzeichnet ist, kommt es entscheidend auf eine exakte, differenzierte bzw. differenzierende Fachsprache an. Die verwendete Begrifflichkeit muss klar, genau und eindeutig sein.

Oftmals fällt es nicht leicht, eine angemessene Begriffsabgrenzung vorzunehmen. So ist z.B. der auf den ersten Blick recht unproblematisch erscheinende Bevölkerungsbegriff für eine wissenschaftlich-empirische Studie keineswegs so einfach abzugrenzen. Nehmen wir als Beispiel die Bevölkerung von Hamburg, so wäre u.a. zu fragen: Sind die dort lebenden Ausländer mit einzubeziehen? Was ist mit Personen, die sich nur vorübergehend, etwa für die Dauer ihrer Studienzeit oder eines befristeten Jobs, in der Stadt aufhalten? Zählen Pendler aus dem Umland dazu, die täglich zur Arbeit in die Stadt kommen? Welche(n) Stichtag(e) wählt man, wenn z.B. über das Jahr 2005 berichtet werden soll? Ist hierfür eventuell der Jahresdurchschnitt der aussagekräftigere Wert? Probleme, mit deren Aufzählung jeder empirisch arbeitende Forscher unschwer fortfahren könnte.

In jeder Disziplin hat sich eine bestimmte Fachsprache herausgebildet. Ihre spezifischen Termini gilt es, sich im Laufe des Studiums anzueignen. Darüber ist nicht nur in den studienbegleitenden Hausarbeiten, sondern vor allem in der abschließenden Diplomarbeit Zeugnis abzulegen. Als Problem kann sich dabei die Frage erweisen, welche Termini als bekannt vorausgesetzt werden dürfen und welche einer Erläuterung bedürfen. Wie detailliert hat diese gegebenenfalls zu erfolgen? Reicht ein definitorischer Satz oder werden breitere Ausführungen verlangt bzw. erwartet?

Adressaten von Haus- oder Diplomarbeiten sind die zuständigen Lehrpersonen. Diese beherrschen die Fachsprache natürlich. Da es sich aber um eine *Prüfungs*leistung und nicht um eine freie Publikation (wie etwa einen Zeitschriftenaufsatz, der sich an das breite Fachpublikum richtet) handelt, ist zu belegen, dass man die themenspezifischen Fachbegriffe auch 'drauf', d.h. sie inhaltlich erfasst hat und adäquat definieren und argumentativ einsetzen kann. Insofern wird durchaus gefordert, dass die relevanten Termini eingeführt und in einer dem Sachverhalt angemessenen Breite erläutert werden. Das gilt allerdings nur für spezielle, neuere oder relativ selten auftretende (und damit nicht jedem vertraute) Begriffe, nicht jedoch für allgemein gebräuchliche. Auch ungewöhnliche Verwendungen bekannter Begriffe müssten gesondert erklärt werden. Die Grenze ist fließend, was das Problem nicht immer einfach macht. Im Zweifel verfahre man nach dem Motto: *Lieber eine Erläuterung zu viel als eine zu wenig!*

Behalten Sie die Themenstellung im Auge!

Die genaue Themenstellung darf man niemals aus dem Auge verlieren. So einfach diese Maxime klingt, bereitet sie den meisten im Laufe ihrer Ausarbeitungen doch Schwierigkeiten. Das liegt vor allem daran, dass oftmals nicht leicht zu entscheiden ist, wie weit die Grenzen des Themas abzustecken sind. Welche Aspekte müssen oder sollten hereingenommen werden und welche nicht?

Da es hierauf keine allgemeingültige Antwort geben kann, seien lediglich einige Punkte von Bedeutung skizziert[48]:

- Zunächst ist die vorgegebene Umfangsbegrenzung zu beachten (bei Hausarbeiten im Fach Ökonomie i.d.R. 12-15 Seiten, bei Diplomarbeiten 50-60 Seiten). Nach dieser Vorgabe muss sich die Tiefe der Darstellung richten.
- Das Thema verlangt (und die konkrete Themenformulierung berücksichtigt dies in der Regel auch), dass alle wesentlichen Punkte der Thematik angesprochen werden. Eine eigenmächtige Ausweitung oder Eingrenzung, die durch die Themenstellung nicht abgedeckt wird, ist normalerweise nicht zu vertreten. Hierfür müssten zum einen schon sehr stichhaltige Gründe ins Feld geführt werden und zum anderen das Einverständnis der korrigierenden Person(en) eingeholt bzw. das Thema einvernehmlich entsprechend abgeändert werden.
- Umfassende Bearbeitung des Themas bedeutet auf der anderen Seite nicht, dass auch *jedes* Einzelargument Erwähnung finden muss. Jedoch ist darauf zu achten, dass die wichtigsten Argumente zur Sprache kommen. Die Schwierigkeit - und darin ist ein Bestandteil der zu bewältigenden Aufgabe zu sehen - liegt also darin, die wesentlichen Aspekte des Themas herauszufiltern[49]. Das gelingt nur, wenn man sich mit der betreffenden Fragestellung intensiv auseinandergesetzt und eine gewisse Distanz zum Stoff erworben hat. Und genau dies soll in einer wissenschaftlichen Abhandlung, die *als Prüfungsleistung* zählt, nachgewiesen werden.

---

48 S. Hierzu auch die Thema-Checkliste unten S. 110.

49 Eine bei misslungener Klausur- oder von studentischer Seite oftmals vorgetragene Klage lautet: *'Ich wusste ja nicht, was Sie hier von mir hören wollten!'* Dabei wird eine Willkürlichkeit oder Unberechenbarkeit in Bezug auf die inhaltliche Umsetzung des Themas unterstellt, da man meint, dass sie von den subjektiven Erwartungen bzw. Vorstellungen des Prüfers geprägt sei. Diese Ansicht ist unberechtigt, denn die Themenvorgabe spricht in aller Regel für sich. Erwartungen der Prüfer an die inhaltliche Bearbeitung mögen - von vereinzelten individuellen Vorlieben einmal abgesehen - lediglich in Bezug auf den Umfang der Arbeit differieren. Doch sollte dieser ja durch die Themenformulierung bzw. (fachbezogen) übliche Seitenzahl determiniert sein.

Zwecks besserer Strukturierung der Arbeit hilft es, sich bei der Eingrenzung des Themas u.a. über folgende Gesichtspunkte Klarheit zu verschaffen:

- Um welchen Zeitraum geht es in der Arbeit?
- Stehen bestimmte Theorien oder Methoden im Vordergrund? Gegebenenfalls welche bzw. wie viele sind zu berücksichtigen?
- Sind verschiedene Disziplinbereiche zu unterscheiden und gegebenenfalls gegeneinander abzuwägen und zu gewichten?
- Ist empirische bzw. statistische Untermauerung geboten bzw. gefordert?
- Sind geographische Eingrenzungen vorzunehmen?
- Ist nach bestimmten Personengruppen oder Unternehmen zu differenzieren?

'Mir ist da ein einfallsreicher Einfall eingefallen ...!'

Natürlich werden bei Haus- oder Diplomarbeiten besondere Originalität oder gar nobelpreisverdächtige Ergebnisse weder verlangt noch erwartet. Mit ihnen soll lediglich die Befähigung nachgewiesen werden, ein konkretes Thema wissenschaftlich qualifiziert abhandeln zu können. Man soll - wie erwähnt - nicht mehr, aber auch nicht weniger belegen, dass man die (einschlägige) Fachliteratur zu verstehen in der Lage ist, und zeigen, dass man sie auf Basis des gefundenen Materials unter einer bestimmten Fragestellung auf- bzw. verarbeiten kann. Neue, die Fachdisziplin voranbringende Erkenntnisse sind natürlich nicht verboten, würden auch durchaus begrüßt, brauchen dabei aber keineswegs herauszukommen. Dies mag einer späteren Dissertation vorbehalten bleiben. Eine Haus- oder Diplomarbeit ist hinreichend originell, wenn das Thema unter Beachtung des aktuellen Diskussionsstandes und/oder aus dem Blickwinkel einer unüblichen, neuartigen Fragestellung abgehandelt wird.

Wie müssen Literatur- bzw. Quellennachweise aussehen?

Die verwendete Literatur muss ordnungsgemäß zitiert sein. Das heißt vor allem, dass die Quellennachweise eindeutig und für jedermann nachprüfbar sein müssen. Sie sind insbesondere so zu setzen, dass jeweils deutlich wird, wer hier zum Leser spricht: der Verfasser selbst oder andere Autoren. Die Trennlinie zwischen eigenem und geborgtem Gedankengut muss klar erkennbar bleiben (s. dazu genauer *Lektion 16*). Wichtig ist zudem, dass Sie die einschlägigen Literaturquellen bzw. Autoren, so vor allem die 'Päpste' des betreffenden Fachgebiets gefunden und in Ihre Arbeit eingebaut haben. Sie sind relativ leicht daran zu erkennen, dass Ihre Namen bzw. die betreffenden Werke immer wieder als Quelle benannt werden und in nahezu allen Literaturverzeichnissen diesbezüglicher Beiträge auftauchen. Diese Praxis scheint hier und dort allerdings etwas überstrapaziert zu werden, denn man kann sich zeitweilig des Verdachts eingespielter 'Lobe- und Zitierkartelle' kaum erwehren! Hier besteht in Bezug auf die Literaturrecherche die latente Gefahr, dass man zu sehr auf Beiträge bzw. Autoren spezifiziert oder eingeengt wird, die einer bestimmten Lehrmeinung oder Denkrichtung anhängen.

In das Literaturverzeichnis gehören übrigens nur die im Text wörtlich oder sinngemäß zitierten Quellen[50]. Welche Lektüre man zusätzlich herangezogen oder 'nur so' gelesen hat, die sich aber nicht explizit in einzelnen Argumenten der Arbeit niederschlägt, interessiert höchstens am Rande und hat im Literaturverzeichnis grundsätzlich nichts zu suchen[51]. Literaturverzeichnisse sind (auch) keine Bibliographien, d.h. es wird nicht die Auflistung sämtlicher zum Thema gehörigen Beiträge verlangt.

---

[50] Literatur*verzeichnisse* sind wohlgemerkt etwas anderes als Literatur*hinweise*, wie sie sich z.B. am Ende des vorliegenden Bandes befinden. Da es sich bei diesem Einführungsbuch nicht um eine Literaturarbeit handelt - es werden ja nur sehr vereinzelt andere Autoren herangezogen, kann auf ein Literaturverzeichnis verzichtet werden. Stattdessen erscheinen Hinweise auf verwandte Publikationen oder solche zu weiterführenden bzw. spezielleren Fragen der behandelten Thematik für den Leser ungleich wertvoller.

[51] Achtung: Einzelne Prüfer sehen das manchmal anders und wollen die gesamte Lektüre erfahren, aus der Sie Ihr Wissen gezogen haben! Vergessen Sie für diesen Fall z.B. bei einer volkswirtschaftlichen Abhandlung nicht, den exzellenten Einführungsband der Asterix-Reihe (Nr. XXIII: *Obelix GmbH & Co. KG*, Stuttgart 1978), aus dem Sie in Ihrer Jugendzeit erste volkswirtschaftliche Grundkenntnisse erworben haben, in das Verzeichnis mit aufzunehmen!

LEKTION 13:
Zum Problem der geeigneten Themenwahl

"Es ist schon ein großer und nötiger Beweis der Klugheit oder Einsicht, zu wissen, was man vernünftigerweise fragen solle."

Immanuel Kant

'Eigentlich interessiere ich mich für alles!'

Die Frage der Themenwahl kann nur zum Problem werden, wenn es überhaupt möglich ist, das Thema seiner Haus- oder Diplomarbeit selbst vorschlagen oder gar frei wählen zu dürfen. Dies ist in den Prüfungsordnungen der verschiedenen Universitäten, Fachhochschulen, Fachbereiche und Institutionen unterschiedlich geregelt. Hausarbeits- oder Seminarthemen werden in aller Regel von den betreffenden Lehrpersonen vorgegeben, wobei den Teilnehmern jedoch meistens Mitgestaltungsrechte eingeräumt werden. Bei Diplomarbeiten bildet die Findung eines fachlich geeigneten Themas den ersten Baustein und wird bereits als Bestandteil der gesamten Leistung gewertet. Die endgültige Themenfestlegung ist allerdings meist noch durch einen Prüfungsausschuss, manchmal auch vom zuständigen Fachministerium, 'abzusegnen' - ähnlich wie bei anderen Studienabschlussarbeiten.

Liegt das Vorschlagsrecht beim Kandidaten, so sieht er sich vor die berüchtigte Qual der Wahl gestellt. Manchem fällt partout kein geeigneter Stoff ein, aus dem sich eine Fragestellung ergeben könnte. Andere zeigen Scheu davor, sich auf ein bestimmtes Thema festzulegen, da sie nicht einzuschätzen vermögen, wie viel Arbeitsaufwand konkret erforderlich sein wird und welche Hindernisse, etwa inhaltlicher oder methodischer Art, auftauchen könnten. Auch wissen sie nicht, ob das Vorhaben in der vorgesehenen Zeit und in der gegebenen Form überhaupt zu bewältigen ist.

Wenn auch die jeweiligen individuellen Umstände eine wichtige Rolle spielen, lassen sich hinsichtlich der Eingrenzung des Themenbereiches doch einige allgemeine Aspekte anführen, die von Bedeutung sein können. Zunächst ist über die Frage des Themenanstoßes bzw. der –entstehung Klarheit zu gewinnen: Ist es dem eigenen Interesse, der eigenen Idee oder Kreativität entsprungen oder aus einer Anregung seitens einer Lehrperson entstanden? Vielleicht war ja auch die Orientierung am späteren Berufsziel das treibende Motiv.

- Themen, die aus eigenem Interesse gewählt werden, bieten noch am ehesten die Gewähr dafür, dass die Arbeit auch erfolgreich abgeschlossen wird. Man ist motiviert, hat in der Regel bereits konkrete Vorstellungen über Ablauf und Zielsetzung der Arbeit und ist auf die eigenen Fortschritte bzw. Ergebnisse neugierig; kurz: man freut sich im Grunde auf die Aufgabe - von zwischenzeitlichen kleineren Panikanfällen einmal abgesehen.

  Zunächst sollte man sich daher fragen, welches Fach bzw. welche Lehrveranstaltungen einem am meisten gebracht bzw. Spaß gemacht haben, oder auch, welche Bücher bzw. Aufsätze zu bestimmten Themen man am 'spannendsten' fand. Wenn das Thema selbst als interessant empfunden wird, braucht man sich um ausreichende Motivation und Durchhaltevermögen in aller Regel keine Sorgen zu machen.

- Anders könnte es sein, wenn das Thema von außen vorgegeben oder zumindest angeregt worden ist, etwa von einer Lehrperson. Für diesen Weg mag man sich z.B. entscheiden, wenn man die Lehrkraft aus Lehrveranstaltungen oder anderen Arbeitszusammenhängen kennt und sich gegenseitig schätzt bzw. gut miteinander kooperiert. Die Bedingungen für die Betreuung und nicht zuletzt auch für das Gelingen der Arbeit sind in diesem Fall optimal. Das spezifische Eigeninteresse am konkreten Thema kann dabei durchaus etwas in den Hintergrund treten. Entscheidender ist das Gefühl, beim Dozenten und späteren Begutachter der Arbeit 'gut aufgehoben' zu sein.

- Schließlich sollte auch das ins Auge gefasste Berufsziel nicht unberücksichtigt bleiben. Es begünstigt nicht selten die Bewerbung auf eine Stelle, wenn man sich auf dem ausgeschriebenen Arbeitsgebiet mittels einer einschlägigen Diplomarbeit oder zumindest von qualifizierten, ausführlicheren Hausarbeiten als fachlich spezialisiert und sachkundig ausweisen kann. Die Arbeit(en) müsste(n) in diesem Fall natürlich mit einer möglichst guten Note bewertet worden sein.

Was ist günstiger: zu viel oder zu wenig Literatur?

Sind die Themenpräferenzen geklärt, sollte man sich noch einen Überblick über die einschlägige Literatur verschaffen. Hier kann sich zeigen, dass es entweder übermäßig viel oder - im anderen Extrem - fast gar kein Material gibt.

Trifft der erstere Fall zu, ist Literatur zum Thema also reichlich vorhanden, dann gibt es nicht nur viel zu lesen bzw. durchzuarbeiten, sondern es gilt auch der Tatsache ins Auge zu sehen, dass das Thema bereits ausgiebig behandelt wurde und ein für die konkrete Themenformulierung notwendiger spezifischer Aufhänger unter Umständen nur schwer zu finden sein könnte. Auf der anderen Seite kann man sich auf reichhaltiges Material stützen und braucht keine Angst davor zu haben, sich alles selbst aus den Fingern saugen zu müssen.

Gibt es - wie im zweiten Falle - dagegen kaum (einschlägige) Literatur, ist man weitgehend auf eigene Überlegungen und Analysen angewiesen. Hier ist demnach mehr persönliche Kreativität als zeitaufwändige Lektüre gefordert. Die Gewissheit, ein noch wenig bearbeitetes Gebiet vor sich zu haben, bereitet manchem jedoch Unbehagen oder zumindest das flaue Gefühl, der Aufgabe vielleicht (doch) nicht gewachsen zu sein - mit negativen Folgen für Motivation und Konzentration.

Bei der Beurteilung der vorhandenen Literatur sollte man nicht zuletzt darauf achten, wie viele der einschlägigen Texte gegebenenfalls fremdsprachiger (v.a. angelsächsischer) Natur sind. Das lässt sich anhand der Quellenverweise in den Fußnoten sowie an den immer wieder auftauchenden Standardbeiträgen in den Literaturverzeichnissen relativ leicht erkennen. Da in einer wissenschaftlichen Arbeit die Auseinandersetzung mit der einschlägigen Literatur erwartet wird, sollte man ein derartiges Thema nur dann weiter verfolgen, wenn einem die Durcharbeitung der Originaltexte sprachlich entweder keine besondere Mühe bereitet oder das Interesse an dem Thema den Mehraufwand lohnend erscheinen lässt.

Die Themenformulierung sollte so präzise wie möglich gewählt sein und den Bearbeitungsschwerpunkt deutlich herauskehren. Unscharfe oder allzu breite Themenvorgaben verleiten ihrerseits zu vagen Ausführungen bzw. zur unpräzisen Behandlung des Themas. Oftmals bleibt, wenn der Rahmen zu weit gesteckt ist, nichts anderes übrig, als das Thema nachträglich auf einen spezifischen Aspekt einzuengen. Dies sollte allerdings mit dem Betreuer der Arbeit abgesprochen werden und, sofern noch möglich, auch bei der Themenformulierung angemessene Berücksichtigung finden.

Und nicht zuletzt: Was sich bei der Themensuche für die Dissertation zur 'Überlebensfrage' auswachsen kann, sollte auch bei Diplomarbeitsthemen im Auge behalten werden: Ist das Vorhaben im Hause oder bei einer anderen Hochschule in (annähernd) gleicher Themenformulierung bereits bearbeitet worden? Wegen der - trotz Internet[52] - nicht durchgängigen Erfassung der Masse solcher Elaborate und vor allem wegen ihrer als Folge unterschiedlicher Noten- und Bewertungsstandards ungewissen fachlichen Qualität braucht dieser Fall bei Diplomarbeiten jedoch nicht von vornherein zur Disqualifikation zu führen. Es ist durchaus denkbar, dass eine Ausarbeitung unter dem gleichen Thema mit unterschiedlicher Methodik angegangen, andere Argumentationswege einschlagend und/ oder zu ganz anderen Ergebnissen gelangend sowie auf erheblich höherem Niveau verfasst ist als eine thematisch formal gleichlautende. Aber Vorsicht ist in solchen Fällen immer geboten! (S. dazu u.a. auch den Abschnitt zum 'digitalen Plagiarismus' in *Lektion 17*, S. 163 f.)

---

[52] Ein Großteil der deutschsprachigen Diplom-, Magister- und Masterarbeiten, Staatsexamens-, Bachelorarbeiten und Dissertationen sowie ähnliche Abschlussarbeiten werden dort übrigens von entsprechenden Agenturen 'gehandelt' und sind - ganz legal - gegen Entgelt als 'Download', auf CD oder ausgedruckt erwerbbar; s. z.B. URL: http://www.diplom.de/startseite.html. (Zur Zitierweise von Internetadressen s. unten *Lektion 17*!)

Check-Liste 'Themenwahl'

Abschließend eine kurze Checkliste, die die wichtigsten Punkte zur Themenwahl bzw. -abgrenzung noch einmal zusammenfasst:

- Entspringt die Themenstellung überwiegend primärer oder sekundärer Motivation? (S. dazu noch einmal oben *Lektion 2*, S. 27)
- Wird mein Thema zugleich auch von anderen Diplomanden oder Wissenschaftlern bearbeitet?
- Lässt sich der erforderliche Arbeitsaufwand qualitativ wie quantitativ konkretisieren?
- Welche Schwierigkeiten inhaltlicher oder methodischer Art könnten auftauchen?
- Gibt es ausreichend Literatur bzw. Datenmaterial zu meinem Thema?
- Wie leicht sind Literatur bzw. Datenquellen zugänglich?
- Welche Fremdsprachenkenntnisse sind für die Literatur erforderlich?
- Wen könnte ich zusätzlich als Informanten zu meinem Thema ansprechen bzw. anschreiben?

Fazit: Die Themenwahl, so sie einem denn freisteht, ist für den erfolgreichen Abschluss einer Arbeit bzw. für das Durchhaltevermögen über die Zeit äußerst wichtig. Wenn man sich des Motivs, das einen auf das Thema gestoßen bzw. darauf fixiert hat, bewusst und obendrein sicher ist, wird sich das Vorhaben ohne größere zwischenzeitliche Frust- oder gar Panikphasen absolvieren lassen.

Merke: Man kann nicht umsichtig genug sein bei der Wahl seiner Eltern und des Diplomthemas!

LEKTION 14: Gliederung

"Man soll die Dinge möglichst einfach darstellen, aber nicht einfacher!"

Albert Einstein

Funktion und Entstehung der Gliederung[53]

Die Gliederung bildet das Gerüst der Arbeit und muss ihren roten Faden erkennen lassen. Sie entsteht parallel zur Ausarbeitung des Themas in mehreren sukzessiven Etappen[54], muss also nicht etwa bereits vor Beginn der Ausformulierung fertig vorliegen. Über die Überschriften des späteren Einleitungs- und Schlussteils sollte man sich am besten ohnehin erst am Ende der Arbeit genauere Gedanken machen.

Am Anfang, wenn man mit der gesamten Thematik noch wenig vertraut ist und sich erst einlesen muss, wird mehr als eine lose Auflistung der zum Thema gehörigen Aspekte - noch ohne besondere Rangfolge - kaum herauskommen können.

Im Zuge des sukzessiven Literaturstudiums und der zunehmenden Einarbeitung in die Problematik nimmt die ins Auge gefasste Gedankenfolge allerdings ebenso allmählich Konturen an wie sich auch die einzelnen Argumente und Aspekte näher herauszukristallisieren beginnen, und zwar sowohl, was ihre logische Platzzuweisung, als auch, was ihren jeweiligen Stellenwert betrifft. Es wird klar, welche Punkte eine breitere Darstellung erfordern und welche eher am Rande abzuhandeln sind. Auch tauchen Aspekte auf, die anfangs überhaupt nicht gesehen wurden. Rangfolgen werden gebildet und Unterpunkte gesetzt usw. Der rote Faden der Arbeit gewinnt mehr und mehr an Stringenz und mit ihm die Gliederung.

---

53 Die folgenden Hinweise beziehen sich im Wesentlichen auf sog. Literaturarbeiten, d.h. auf solche Themenstellungen, die allein anhand des Studiums einschlägiger Publikationen und ihrer (kritischen) Verarbeitung zu bewerkstelligen sind.

54 Von Besonderheiten, wie sie z.B. bei der Bearbeitung juristischer Hausarbeiten auftreten, sei hier abgesehen und auf entsprechende Hilfsliteratur verwiesen.

Dieser Synchronismus der Entstehung von Text und Gliederung ermöglicht es, den Überblick über Umfang und Bearbeitungsfortschritt des Vorhabens zu behalten. Zugleich kann man auch, zumindest zeitweilig, in der Reihenfolge der Bearbeitung springen, braucht sich also nicht unbedingt an die laufende Gliederungsfolge zu halten. Dies ist insbesondere dann geboten, wenn z.B. wichtige Literaturunterlagen bald an die Bibliothek wieder zurückgegeben werden müssen oder die betreffende Thematik gerade im Seminar behandelt wird bzw. kompetente Personen für eine Diskussion aktuell zur Verfügung stehen u.ä. In solchen Fällen erscheint es angebracht, einzelne Aspekte oder Kapitel vorzuziehen.

Fazit: Die Gliederung kristallisiert sich simultan mit der Themenerarbeitung heraus und nimmt ihre endgültige Gestalt erst zum Zeitpunkt der Fertigstellung der gesamten Arbeit an.

Form der Gliederung

Grundlage jeder Gliederung bildet die klassische Dreiteilung: Einleitung, Hauptteil und Schluss. Die Gliederungsüberschriften sollten nach Möglichkeit nicht bloß diese formalen Bezeichnungen tragen, sondern eher den jeweiligen Inhalt näher konkretisieren. Als grobe quantitative Richtlinie mag gelten, dass Einleitung und Schluss je höchstens 1/12tel, der Hauptteil somit rd. 10/12tel des Gesamtumfanges der Arbeit einnehmen sollten.

Die *Einleitung* dient der allgemeinen Einführung in das Thema. Sie soll den Leser an die Problematik heranführen und ihn in gewisser Weise neugierig machen. Dies kann auf vielfältige Weise geschehen. So kann man z.B. eine provokante oder auch paradox klingende These zum Ausgangspunkt nehmen oder - sofern relevant - den Aktualitätsgrad des Themas hervorheben. Unter Umständen kommt auch eine (dogmen-)geschichtliche Einordnung des Gegenstandes in Betracht ebenso wie sich mit einem Überblick über den Aufbau der Arbeit bzw. Gang der Untersuchung beginnen ließe. Nicht zuletzt könnten hier die zentralen Fragestellungen und die Hauptergebnisse der Arbeit im Vorgriff skizziert werden. Dagegen gleich mit 'trockenen' Begriffsabgrenzungen ins Haus zu fallen, ist zwar nicht grundsätzlich verkehrt, erscheint jedoch weniger angebracht und sollte dem Anfang des Hauptteils vorbehalten bleiben. Wichtig bei der Einleitung ist allein, dass an die in der Themenformulierung auftauchenden Begriffe oder Stichworte in geeigneter Weise angeknüpft wird.

Im *Hauptteil* ist das eigentliche Thema zu behandeln. Er ist je nach inhaltlichen Erfordernissen tiefer zu untergliedern. Die Gliederungspunkte müssen den strukturellen Aufbau der gesamten Arbeit sowie den roten Faden der Argumentation bereits deutlich werden lassen. Die jeweilige Abstufung von Ober- und Unterpunkten muss der inhaltlichen Rangordnung der Argumente entsprechen.

Übliche Gliederungsschemata sind das fünfstufige, aus Ziffern und Buchstaben *gemischte System* oder das dekadische *reine Zahlenschema*. Anzutreffen ist auch eine *Kombination* aus beiden.

Beispiel für das ***Mischsystem*** - auch alphanumerisches genannt (wobei ein - absichtlich nicht näher spezifiziertes - umfangreicheres Werk über die europäische Arbeiterbewegung zugrunde gelegt sei):

A. Problemstellung und Gang der Untersuchung 1
B. Die historische Situation 4
  I. Politische Aufbruchstimmung in Europa 4
    1. Deutschland 4
      a) Die Lage um 1830 5
        aa)* Allmählicher Aufstieg des Bürgertums 5
        bb)* Erste Ansätze bürgerlicher Revolutionen 9
      b) Das Jahr 1848 13
        usw.
    2. Frankreich 17
      usw.
  II. Wirtschaftliche Aspekte 25
    usw.

* Manche setzen hier auch die Folge: aa), ab), ac) usw.

Ob man die Gliederungspunkte so abstuft, dass die Rangziffern (-buchstaben) der Unterpunkte jeweils vertikal unterhalb des Textanfangs des Oberpunktes stehen bzw. eingerückt sind (wie im obigen Beispiel) oder ob man alle Punkte einheitlich linksbündig beginnen lässt und die inhaltliche Ausfüllung so weit nach rechts einzieht, dass der Text jeweils auf der gleichen Vertikalen beginnt (wie im nachfolgenden Beispiel), ist im

Wesentlichen Geschmackssache. Abgestufte Folgen erleichtern die Erfassung der Rangordnung, werden allerdings bei tieferer Untergliederung, etwa ab vier Unterstufen, zunehmend unübersichtlich bzw. rutschen so weit nach rechts in die Nähe der Seitenzahlen, dass es unschön aussieht bzw. häufiger zweizeilige Gliederungspunkte produziert.

Beispiel eines ***reinen Zahlenschemas*** (auch als Dezimalsystem bezeichnet) für die gleiche Gliederung wie oben[55]:

1. Problemstellung und Gang der Untersuchung 1
2. Die historische Situation 4
2.1 Politische Aufbruchstimmung in Europa 4
2.1.1 Deutschland 4
2.1.1.1 Die Lage um 1830 5
2.1.1.1.1 Allmählicher Aufstieg des Bürgertums 5
2.1.1.1.2 Erste Ansätze bürgerlicher Revolutionen 9
2.1.1.2 Das Jahr 1848 13
usw.
2.1.2 Frankreich 17
usw.
2.2 Wirtschaftliche Aspekte 25
usw.

Ja nach Gliederungstiefe und individuellen Präferenzen kann man sich für die eine oder die andere Form entscheiden. Ob zwischen den einzelnen Gliederungsüberschriften und der rechtsbündigen Setzung der zugehörigen Seitenzahlen Füllzeichen (wie z.B. die Punkte im obigen Beispiel) gesetzt werden sollten oder nicht, bleibt gleichfalls Ihnen überlassen.

Der zeitweilig zu lesende Hinweis, das Dezimalsystem sei deswegen von Vorteil und daher vorzuziehen, weil es unbegrenzte Stufigkeit erlaube, erscheint wenig überzeugend. Erstens schaue man sich einmal eine Glie-

---

[55] Es ist zu beachten, dass die einfachen Ziffern i.d.R. mit einem Punkt abschließen (z.B. '3.', während zusammengesetzte am Ende keinen Punkt aufweisen (z.B. '3.2.1'). Die Empfehlungen von Büchern oder Lehrpersonen fallen in dieser Hinsicht unterschiedlich aus, wobei man sich manchmal des Eindrucks der 'Korinthen...ackerei' nicht erwehren kann. Wir haben uns hier der Einfachheit halber für das Verfahren entschieden, nach dem *WORD* die Texte automatisch nummeriert, wenn man die entsprechende Gliederungsfunktion aufruft.

derung an, die z.B. einen Unterpunkt '5.2.10.1.4.3.2.1' anführt. Zweitens könnte man - theoretisch - auch das alphanumerische System durch Drei- und Mehrfach-Buchstaben beliebig erweitern, was allerdings gleichermaßen unschön wäre.

In Ihren Arbeiten werden Sie kaum mehr als vier bis fünf Gliederungsstufen benötigen, sodass beide Systeme noch übersichtlich und anschaulich bleiben. Sollten ausnahmsweise doch mehr Stufen erforderlich sein, so empfiehlt es sich, eher weiter in Teile (*'Erster Teil', 'Zweiter Teil'* usw.) und/oder 'Abschnitte' bzw. 'Kapitel' zu untergliedern.

Einen anderen Weg, allzu lange Zahlenreihen zu vermeiden, bietet das ***kombinierte*** (*'unreine' Zahlen-)****System***, indem man z.B. setzt:

A. Problemstellung
B. Verteilungseffekte der öffentlichen Haushalte
  I. Die Last der Steuern
    a) Anpassungsstrategien
      1. Überwälzungsmöglichkeiten
      1.1 Allgemeine Anpassungsformen
      1.2 Einzelne Anpassungsformen
      1.2.1 Steuerausweichung
      1.2.2 Weitergabe der Belastung
      usw.
      2. Gründe für die Strategiewahl
      usw.
    b) Ausgewählte Fälle der Steuerinzidenz
    usw.
  II. Verteilungseffekte von Staatsausgaben
  usw.

Die Frage, ob in der Arbeit zwischen Gliederungsober- und -unterpunkten Text stehen darf bzw. sollte oder ob immer zunächst der zugehörige Untergliederungspunkt folgen muss, bevor der Text beginnt, ist inhaltsabhängig zu entscheiden. Bedarf es nach einem Hauptgliederungspunkt zunächst einiger einleitender Ausführungen, Erläuterungen oder Eingrenzungen, wie das nicht selten der Fall sein dürfte, kann der Hauptüberschrift zunächst einmal Text folgen, bevor der erste Untergliederungspunkt gesetzt wird.

Beispiel:

1. Vom PC zur Fotosatzanlage

(Einführungs-)Text

1.1 Datenkonvertierung

Text

1.2 Bearbeitung vorliegender Satzbänder

usw.

Wem das nicht gefällt, insbesondere wenn der betreffende Einleitungstext relativ lang ausfällt, müsste diesem Teil eben eine Extragliederungsüberschrift zuweisen ('Vorbemerkung', 'Grundlagen', 'Fragestellung').

Beispiel:

1. Vom PC zur Fotosatzanlage

1.1 Grundlagen

(Einführungs-)Text

1.2 Datenkonvertierung

Text

usw.

Der *Schluss* soll die Arbeit abrunden. Für diesen Zweck eignet sich z.B. eine Zusammenfassung der wichtigsten Ergebnisse der Abhandlung. Auch ein Fazit bietet sich an, in welchem zusätzlich Schlussfolgerungen gezogen und/oder eine Würdigung vorgenommen wird bzw. zentrale Fragen des Themas abschließend zur Entscheidung gelangen. Unter Umständen erscheint auch der Ausblick auf künftige Entwicklungen sinnvoll oder es wird auf offen gebliebene Fragen verwiesen u.a.m.

Wie müssen Gliederungsüberschriften formuliert sein?

Gliederungspunkte sind Überschriften. Sie sind knapp und überblickartig zu formulieren. Vollständige Sätze bilden die Ausnahme. Sie können durchaus auch einmal in Frageform (s. oben) gefasst sein. Die Formulierung sollte den inhaltlichen Schwerpunkt des betreffenden Kapitels oder Abschnitts wiedergeben. Hervorhebungen - etwa kursiv oder fett – bilden eher die Ausnahme.

Die Trennung von Ober- und Unterpunkten in der Gliederung muss dem inhaltlichen und logischen Stellenwert der untergliederten Kapitel bzw. Abschnitte Rechnung tragen. Einem Unterpunkt '1' oder 'A' etc. muss immer mindestens ein weiterer gleichrangiger Unterpunkt, also '2' bzw. 'B', folgen[56].

Doppelt oder mehrmals gleich oder ähnlich lautende Überschriftformulierungen sind ebenso zu vermeiden wie die wortgleiche Wiederholung des Themas, etwa als Überschrift für den Hauptteil. Die Gliederungsüberschriften sollten so formuliert sein, dass in ihnen auch sprachlich die zunehmende Detaillierung und Verfeinerung der Themenbehandlung zum Ausdruck kommt. Je tiefer man vordringt, desto präziser und variantenreicher sollten die Gliederungspunkte ausfallen, wobei die Möglichkeiten höchstens bei eng gezogener Themenvorgabe eingeschränkt sein können.

Negativbeispiel:

Thema: Ursachen der Inflation

A. Einleitung: Grundlegendes zu den Ursachen der Inflation

B. Hauptteil: Ursachen der Inflation

   1. Erste Ursache der Inflation: Entwicklung der Geldmenge
   2. Zweite Ursache der Inflation: Finanzpolitik des Staates
   3. Dritte Ursache der Inflation: Verhalten der Tarifpartner
   4. Weitere Ursachen der Inflation ....

C. Zusammenfassung der Inflationsursachen

D. Schluss: Die wahren Ursachen der Inflation

---

[56] Überlegen Sie selbst, warum es unlogisch wäre, nur einen Unterpunkt zu bilden und auf welche Weise solch' Fehler in der Gliederung zu korrigieren ist!

Zu Beginn der Arbeit kann man sich durchaus mit einer vorläufigen Formulierung der einzelnen Gliederungspunkte begnügen. Im Laufe der Zeit werden ohnehin Änderungen vorgenommen werden müssen, seien sie inhaltlicher Art oder sei es, dass sie in Bezug auf den Stellenwert einzelner Argumente oder Kapitel erfolgen müssen. Nicht selten kommt es auch zu größeren Umstellungen oder (teilweisen) Fortlassungen bzw. es tauchen umgekehrt neue Aspekte auf, die eingefügt werden müssen usw. All diese Änderungen ziehen in der Regel eine Korrektur oder Modifizierung der Gliederungsüberschriften nach sich. Hat man sich beim ersten Entwurf allzu lange mit Detailformulierungen aufgehalten, könnte sich dies nachträglich als vertane Zeit herausstellen. Es reicht, wie eingangs erwähnt, wenn die Gliederung erst am Ende steht.

Wie tief soll die Gliederung gehen?

Die Gliederungstiefe, also die Anzahl der Gliederungspunkte, sollte dem Umfang der textlichen Ausarbeitung angepasst sein, also weder zu wenige noch zu viele Unterpunkte enthalten. Da dies im Wesentlichen vom Thema der Arbeit abhängt, können hier keine allgemein gültigen Empfehlungen ausgesprochen, sondern nur ein paar grundsätzliche Dinge betont werden. So wäre es z.B. unangemessen, den Hauptteil in nur wenige Gliederungspunkte zu unterteilen und dagegen die Einleitung bzw. den Schluss mit zahlreichen Unterpunkten zu versehen. Für (Haus-)Arbeiten mit einem Umfang von 12-15 Seiten reicht es in aller Regel aus, wenn Einleitung und Schluss nur *eine* inhaltliche Überschrift tragen, wohingegen der Hauptteil unbedingt tiefer zu untergliedern ist. Aber selbst dabei wird es in den meisten Fällen ausreichen, höchstens eine bis maximal zwei Überschriften pro Seite zu setzen.

Ausnahmen mögen lediglich solche Teile der Arbeit bilden, in denen es um eine Auflistung bzw. knappe Skizzierung zahlreicher Argumente oder Gesichtspunkte geht. Dabei sollte man aber überlegen, ob es für diesen Fall nicht angebrachter wäre, den betreffenden Absätzen nur Aufzählungszeichen (z.B. Punkte, Pfeile, Sternchen oder einfache Spiegelstriche) voranzustellen, sodass gesonderte Gliederungspunkte entfallen könnten.

Check-Liste 'Gliederung'

Am Ende sollte man die Gliederung noch einmal anhand der folgenden Check-Liste überprüfen:

- Ist das Gliederungsschema formal (dekadisches oder aus Buchstaben und Ziffern gemischtes System) stimmig und einheitlich?
- Ist der Gliederungsumfang angemessen, d.h. weder zu knapp noch zu detailliert?
- Lässt die Gliederung den roten Faden erkennen?
- Stimmt die Gliederungslogik zwischen den einzelnen Ober- und Unterpunkten?
- Sind die Gliederungspunkte sprachlich in sich schlüssig und hinreichend verständlich formuliert?
- Stimmt die Überschrift mit den inhaltlichen Ausführungen auch tatsächlich (noch) überein?
- Werden Einleitung und Schluss inhaltlich ihrer jeweiligen Funktion gerecht, an das Thema (nur) heranzuführen bzw. das Ganze abzurunden oder angemessen ausklingen zu lassen?

Fazit: Die Gliederung bildet für den Leser der Arbeit das Entree und präjudiziert mit Sicherheit bereits die Richtung der Urteilsbildung und späteren Notenfindung bei der korrigierenden Lehrperson. Nicht zuletzt aus diesem Grund sollte auf eine inhaltlich wie optisch einwandfreie Gliederung Wert gelegt werden.

LEKTION 15:
Niederschrift der Arbeit

Der kategorische Imperativ
für die schreibende Zunft lautet:
'Schreibe so, dass Du Dich selber
immer wieder lesen könntest!'

Der Rohentwurf: 'Keine Details bitte!'[57]

So wie die Gliederung sich erst im Laufe der näheren Beschäftigung mit dem Thema allmählich herausschält und verfestigt, verläuft auch die Niederschrift der Arbeit in mehreren Teiletappen. Auf ihrem Weg vom Rohentwurf bis zur endgültigen Fertigstellung ist sie zahlreichen Überarbeitungen und Korrekturfassungen unterworfen, wobei die Formulierungen von Runde zu Runde inhaltlich konkreter bzw. detaillierter und sprachlich immer flüssiger und ausgefeilter werden sollten. Da dieser Ausformulierungsprozess meist doch mehr Zeit in Anspruch nimmt, als man sich das anfangs vorgestellt hat, scheint es ratsam, hierfür von Beginn an ausreichend Reserven einzuplanen.

Analog zur vorläufigen Grobgliederung wäre es auch beim Rohentwurf verfehlt, sogleich auf Feinheiten des Ausdrucks zu achten und um elegante Formulierungen zu ringen. Vielmehr geht es auf dieser Stufe der Arbeit zunächst nur darum, sich Klarheit darüber zu verschaffen, was unter welchem Gliederungspunkt abzuhandeln ist. Hierfür genügt es durchaus, die jeweiligen Argumente, Gedanken oder Aspekte nur skizzenhaft festzuhalten. So kann man abschätzen, wie viel Platz bzw. Seiten für die einzelnen Kapitel jeweils benötigt werden. Man gewinnt einen Überblick über den voraussichtlichen Gesamtumfang der Arbeit und kann überprüfen, ob er sich im angepeilten oder vorgegebenen Rahmen bewegt. Allerdings sollten Sie schon während dieses Frühstadiums der Niederschrift - so genau wie es geht - die jeweils zugehörigen Fußnoten einarbeiten (s. dazu unten

57 ... sagte der Schauspieler zur Souffleuse, als sie ihm die ersten Zeilen seines Textes zuflüsterte. 'Keine Details! Welches Stück - um Himmels willen: welches Stück?'

Lektion 16 f.), selbst wenn später die eine oder andere wieder verworfen oder inhaltlich entbehrlich wird. Eine nachträgliche Zuweisung bzw. Einfügung erweist sich in den überwiegenden Fällen als faktisch unmöglich.

Erst nachdem alle Literatur gesichtet und ausgewertet ist[58], sollte die Ausarbeitung des Entwurfs in Angriff genommen werden. Dabei kann man auf zweierlei Art verfahren: Entweder formuliert man das Ganze - von Einleitung und Schluss zunächst wiederum abgesehen - von Anfang bis Ende hintereinander durch; oder man beginnt mit ausgewählten Kapiteln, wobei verschiedene Kriterien eine Rolle spielen können:

- Z.B. könnte man daran denken, zunächst die als leichter eingestuften Kapitel vorzuziehen, um sich 'einzuformulieren' und dabei schon bald auf erste Teilerfolge zurückblicken zu können. Auch kann man sich zuerst den am meisten interessierenden oder Spaß machenden Gliederungspunkten widmen. Beides wird die Anfangsmotivation[59] und den Fortgang der Arbeit beflügeln. Allerdings darf darüber nicht vergessen werden, dass die weniger 'lustigen' Teile noch anstehen.

- Die umgekehrte Strategie besteht darin, erst einmal die schweren Brocken hinter sich zu bringen (nach dem Motto: *'Do the worst first!'*), um es später nur noch mit - vermeintlich - leichter Kost zu tun zu haben. Dabei ist in Kauf zu nehmen, dass sich Anfangserfolge nur recht langsam einstellen und sich unter Umständen sogar das Gefühl breit machen wird, nicht so recht voranzukommen. Die spätere Belohnung durch leichte Kost rückt zunächst einmal in die Ferne. Ist diese Hürde dann allerdings übersprungen, stellt sich das befriedigende Gefühl ein, es im Wesentlichen geschafft zu haben und dass es nur noch eine Frage der Zeit ist, bis man den Rest auch erledigt haben wird.

- Unter Umständen empfiehlt es sich, beide Strategien abwechselnd einzusetzen und sich z.B. nach einem schweren Part leichtere oder besonders interessierende Abschnitte vorzunehmen. Etwas nachteilig mag sich dabei lediglich auswirken, dass man aus dem jeweiligen Stoffgebiet, in das man sich gerade eingelesen bzw. eingearbeitet hat,

---

[58] Wir gehen weiterhin davon aus, dass es sich um ein Thema handelt, das auf dem Wege des Literaturstudiums zu bearbeiten ist.

[59] Und darauf kommt es ja, wie wir aus *Lektion 2* wissen, besonders an.

herausgerissen wird und sich später dann erneut hineinfinden muss. Das kann sich auf der anderen Seite jedoch auch als Vorteil erweisen: Oftmals gehen einem, nachdem ein gewisser zeitlicher Abstand gewonnen ist, die Formulierungen leichter von der Hand.

Auch in Bezug auf die Niederschrift der Arbeit kann es nicht darum gehen, allgemein gültige oder gar verbindliche Empfehlungen für ein optimales Vorgehen auszusprechen. Es kommt - neben der Themenstellung - ganz auf den persönlichen Arbeitsstil des Verfassers an. Wichtig bleibt, dass man unterwegs für kleine Motivationsverstärker sorgt, z.B. Möglichkeiten vorsieht, sich Teilerfolgserlebnisse zu verschaffen. Vor allem sollte man das Ganze so organisieren, dass sich möglichst immer das Gefühl einstellt, auch voranzukommen. Die (ganz normale) Angst davor, das Thema inhaltlich oder zeitlich nicht bewältigen zu können, lähmt die Motivation und kann sich zur 'self-fullfilling-prophecy' auswachsen.

Fiel dem Rohentwurf die Aufgabe zu, den gedanklichen Aufbau der Arbeit zu konzipieren, beginnt nach seiner Fertigstellung die detaillierte Ausarbeitung der einzelnen Punkte. Jetzt kommt es auf präzise Ausdrucksweise und differenzierte Sprache an.

Bleiben Sie nüchtern!

Viele Studienanfänger empfinden den Sprachstil der Wissenschaftler als trocken oder höchst nüchtern und versuchen nicht selten, in betontem Gegensatz dazu eine (vermeintlich) lebendigere, bildhafte und 'ungewöhnliche' Ausdrucksweise zu verwenden. Da die meisten von ihnen im Formulieren bzw. Schreiben allerdings keine Übung haben, geht das oft schief und schlägt sich in allzu blumigen, umgangssprachlich überzogenen und zeitweilig bis an den Rand der Peinlichkeit grenzenden Formulierungen nieder.

In der Wissenschaft geht es um nüchterne Wiedergabe von Fachwissen sowie die sachliche Erörterung und Gegenüberstellung von Argumenten und Gedanken. Es handelt sich nicht um Belletristik oder Lyrik, auch nicht um einen Krimi o.ä. Man sollte daher nicht versuchen, sprachlich besonders zu brillieren, um sich von dem 'langweiligen Wissenschaftsstil' abzuheben, sondern sich um eine dem Gegenstand allein angemessene sachliche und schlichte Formulierung der Gedanken bemühen.

Vermeiden Sie es übrigens, in die - bei Anfängern so beliebte - *Ich-Form* zu verfallen! Die geforderte Distanz zu den überwiegend ja doch von anderen 'geborgten' Argumenten lässt sich am besten herstellen, wenn in einer unpersönlichen Form geschrieben wird, also z.B. in der *passiven* Weise, so wie hier gerade geschehen.

Beispiele:

"Hierbei ist zu unterscheiden zwischen ... "

"Folgende Argumente können angeführt werden: ... "

Alternativ kann auch die *aktive* Form gewählt werden, indem z.B. auf das für feministische Ohren so degoutante Wörtchen 'man' zurückgegriffen wird.

Beispiele:

"Man könnte diese These allerdings auch umkehren und behaupten, dass ...";

oder auch direkt (ohne 'man'):

"In der Literatur finden sich zahlreiche Belege für ... ".

Selbst eine ganz persönliche Stellungnahme oder kritische Würdigung des Verfassers der Arbeit bedarf nicht der 'Ich-Form', sondern lässt sich neutral formulieren.

Beispiel:

"Hiergegen wäre einzuwenden, dass ..."[60]

Will man den Leser partout darauf stoßen, dass ein Argument das krönende Ergebnis eigener nächtelanger Denkanstrengungen bildet, so kann man die betreffende Passage gezielt mit den Worten *'nach Ansicht des/der Verf.'* beginnen. Dagegen wäre der Passus *'meines Erachtens'* wiederum zu persönlich gefasst, selbst wenn man diese Variante in der Literatur

---

[60] An dieser Stelle muss eine Fußnote [s. dazu im Einzelnen noch *Lektion 16*] mit dem Hinweis darauf folgen, auf welche Quelle das Gegenargument zurückgeht. Endet die Darstellung des Einwandes ohne entsprechenden Verweis, bedeutet das nichts anderes, als dass er vom Verfasser selbst stammt.

hin und wieder antrifft. Zur Not ginge *'unseres Erachtens'*, eine Wendung, die vor allem Schreiber bevorzugen, die generell oder zumindest überwiegend die 'Wir-Form' benutzen (Beispiel: *"Wir gehen im Folgenden davon aus, dass ..."*). 'Wir' bezieht sich in diesem Falle allerdings auf die Denkgemeinschaft von Leser und Autor des Werkes und stellt nicht etwa, wie mancher vielleicht vermuten könnte, einen Hinweis auf eine potenzielle Autorengemeinschaft oder gar den 'pluralis majestatis' dar, den vor allem gekrönte Häupter gerne für sich zu verwenden beliebten.

Der Satzbau sollte klar und einfach sein. Kurze Sätze erleichtern die Lektüre und das Verständnis für den Leser. Eine Faustregel lautet: *'Punkte sind besser als Kommata!'* Selbst wenn einem in der Literatur zeitweilig wahre Satzwürmer begegnen, sollte man sich verschachtelter Sätze enthalten bzw. solche auflösen. Meist lassen sie sich unschwer in zwei bis drei selbständige Sätze zerlegen.

Die Wortwahl muss präzise ausfallen. Vage, unklare, nebulöse oder missverständliche Wörter sind ebenso zu vermeiden wie häufige Wortwiederholungen in kurzen Abständen. Versuchen Sie mit Hilfe eines Synonym-Wörterbuchs[61] oder auch Fremdwörterlexikons hier möglichst variationsreich zu sein, ohne dabei jedoch unpräzise zu werden.

Auch ist auf angemessene Absatzbildungen achten. Neue Gedanken, Argumente oder Aspekte werden durch den Beginn eines Absatzes, d.h. durch den Einschub einer Leerzeile angezeigt. Texte mit häufigen Absatzbildungen lassen sich besser lesen als solche, die über längere Passagen hinweg keine derartigen optischen Strukturierungshilfen enthalten.

Gedankenführung und Argumentationsfolge müssen klar, präzise und logisch sein. Dies gilt nicht nur in Bezug auf den roten Faden der gesamten Arbeit, sondern auch für die einzelnen Abschnitte und Kapitel des Manuskripts. Auch sie müssen dem (von der Gliederung her vertrauten) Dreischritt: 'Einleitung – Hauptteil (bzw. -gedanke) – Schluss' folgen.

---

[61] Ein solches Nachschlageverzeichnis gehört auch zur Standardausstattung von Textverarbeitungsprogrammen (*Word*-Kenner wissen den Shift-F7-Shortcut zu schätzen). Aber Vorsicht: Nicht alles, was Sie dort als Synonyme oder Vorschlägen ähnlicher Begriffe aufgelistet finden, kann bedenkenlos an die Stelle des auszutauschenden Wortes gesetzt werden. Schon eine leicht andere Nuancierung kann dem Sinn des ganzen Satzes eine - eigentlich nicht gemeinte - Wendung geben. Außerdem haben viele Worte mehrere Bedeutungen.

D.h. jeder neue Gesichtspunkt sollte, sofern es sich nicht aus dem Kontext erübrigt, mit einer einführenden Bemerkung beginnen und nach der (Haupt-)Erörterung des betreffenden Gedankens mit einem resümierenden bzw. zum nächsten Kapitel oder Gedanken überleitenden Satz ausklingen.

Als *Fazit* sei auf den 'kategorischen Schreibimperativ', der dieser Lektion als Vorspruch vorangestellt ist, verwiesen. Man könnte ihn noch konsequenter bzw. bedrohlicher fassen: *'Schreibe so, als ob Du Dich selber immer wieder lesen müsstest!'*[62]

Sind Fachtermini erklärungsbedürftig?

Ein grundsätzliches Problem bei wissenschaftlichen Qualifikationsleistungen, wie sie Haus- und Diplomarbeiten nun einmal darstellen, liegt in der Erläuterungsbedürftigkeit von Fachtermini. Zunächst ist daran zu erinnern, dass es sich um Prüfungsleistungen handelt, in welchen der Kandidat nachweisen soll, dass er bestimmte Fachkenntnisse erworben und mit den zugehörigen Begrifflichkeiten zu operieren, d.h. argumentativ umzugehen gelernt hat. Insofern erscheint es häufig geboten, fachspezifische Termini näher zu bestimmen, auch wenn man davon ausgehen kann, dass der Adressat einer solchen Arbeit (i.d.R. ist das die zuständige Lehrkraft) diese natürlich kennt und beherrscht.

Angebracht sind solche Erläuterungen vor allem dann, wenn ganz spezifische, der Themenstellung eigene Fachbegriffe auftauchen bzw. eingeführt werden, also solche, deren Kenntnis nicht unbedingt zum allgemeinen Grundwissen des Fachgebiets zählt. Gleiches gilt, wenn es sich um neue oder zumindest relativ selten auftretende und damit nicht jedem vertraute bzw. ungewöhnliche Verwendungen bekannter Begriffe handelt. So bräuchten z.B. im Fach VWL so geläufige Begriffe wie *Bruttoinlands-*

---

[62] Gelesen bei *Lütkehaus*, a.a.O.
Den - natürlich nicht ganz ernst gemeinten - Aphorismus, der unserer *Lektion 12* (s. S. 98) vorangestellt ist, wandelt *Lütkehaus* im übrigen ironisierend ab: *"Schreibe so, als ob Du die Fußnote, zu der Du werden wirst, schon kennen würdest!"* - und definiert anschließend die Geisteswissenschaft als *"die Illusion aller Fußnotenschreiber, selber keine Fußnote zu werden"*, womit er hier allerdings auch zu einer wird!

produkt, Gleichgewicht, vollkommener Markt oder *Grenzkosten*, ja selbst der von der Zentralbank verwendete *Geldmengenbegriff*[63] in einer Abschlussarbeit nicht explizit vorgestellt oder definiert zu werden. Letzterer mag allerdings dann präzisierungsbedürftig sein, wenn es sich um eine spezifische Fragestellung aus der Geldtheorie oder -geschichte handelt und es auf die genaue Abgrenzung ankommt. Gleiches gilt z.B. in einer geldtheoretischen Abhandlung für themenbezogene bzw. -spezifische Begriffe wie das *Banking*- oder *Currency-Prinzip*, die *Anweisungstheorie des Geldes*, die potenzielle *Liquiditätstransformation des Bankensystems*. Hier ist eine explizite Einführung und Erläuterung der Begriffe unbedingt erforderlich. Im Einzelnen sind die Grenzen jedoch fließend, sodass hier keine allgemeine Regel aufgestellt werden kann.

Fix und fertig

Ist die Arbeit fertiggestellt, empfiehlt es sich, sie für eine gewisse Zeit, mindestens eine Woche, besser noch etwas länger[64], ruhen zu lassen. Am besten gebe man sie mit der Bitte um kritische Lektüre einem Kommilitonen oder jemandem aus dem sonstigen Bekanntenkreis, der genügenden Fachverstand, ersatzweise auch fachliches Interesse an der Arbeit aufbringt. Man selbst ist während der wochen- bzw. monatelangen Beschäftigung mit dem Thema sozusagen 'betriebsblind' geworden und verliert leicht das Gefühl, welche Sätze oder Formulierungen für einen Außenstehenden nicht ohne weiteres verständlich sind. Oft glaubt man, dass Argumente oder Gedankenverbindungen, die unter dem Eindruck der gerade durchgearbeiteten Literatur einem selbst evident erscheinen, auch für andere unmittelbar einleuchtend sein müssten, obgleich sie dies objektiv keineswegs sind. Auch Wiederholungen, breite Darstellungen von Sachverhalten, die bereits hinreichend klar geworden sind, Abschweifungen vom Thema usw. vermögen kritische Leser eher aufzuspüren als man selbst. Nach einem gewissen zeitlichen Abstand wird man die meisten der kritisierten Punkte einsehen und auch selbst noch auf weitere stoßen. Man kann die Zeit, während der die Arbeit von jemand anderem gegengelesen

[63] Selbst in der ARD-Tagesschau wird dieser Begriff - bei entsprechender Meldung - regelmäßig erläutert.

[64] Diese zusätzliche Zeitreserve ist bei der Arbeitsplanung natürlich zu berücksichtigen.

wird, ja nutzen, indem man die Literaturquellen noch einmal überprüft und, sofern noch nicht geschehen, jetzt in die wissenschaftlich korrekte Form kleidet[65]. Hat man die ganze Arbeit von Anfang bis Ende noch einmal durchgesehen und korrigiert, liegt endlich ihre Endfassung vor.

Dabei versteht sich von selbst, dass der Text unter korrekter Anwendung der deutschen Sprache und Beachtung der geltenden Rechtschreib- und Zeichensetzungsregeln[66] verfasst sein muss. Wer diesbezüglich eine allzu fehlerhafte Arbeit einreicht, muss Bewertungsabschläge in Kauf nehmen. Das heißt nicht, dass jeder orthographische Fehler mit Herabsetzung der Endnote um einen Rang geahndet würde - selbst Bücher bleiben, wie Sie sich überzeugen können, trotz mehrfacher Kontrolllektüre selten völlig vom Druckfehlerteufel verschont, aber ein hohes Maß an Sorgfalt auch in dieser Richtung wird gleichwohl erwartet.

Benotungskriterien

Oft wird im Zusammenhang mit den orthographischen Anforderungen die Frage gestellt, was überhaupt alles in die Bewertung einer Arbeit einfließt bzw. wie die Noten eigentlich zustande kommen. Welche qualitativen und formalen Kriterien spielen für den Prüfer eine Rolle und mit welcher Gewichtung? Auch wenn die Entscheidung darüber natürlich nicht frei von einer gewissen Dosis Subjektivität ausfallen wird, gibt es doch bestimmte, feste Komponenten, aus denen sich letztlich jede Beurteilung zusammensetzt: inhaltliche, gliederungstechnische, sprachliche, formale und sonstige.

- In Bezug auf den Inhalt werden neben dem Schwierigkeitsgrad der Themenstellung und -behandlung[67], die Durchführung der Arbeit in Bezug auf das sprachliche und intellektuelle Niveau, die Angemes-

---

65 Vgl. dazu noch die *Lektionen 16-18.*

66 In Anbetracht der 'unendlichen Geschichte' der deutschen Rechtschreibreform können Sie hier auch für die nächsten Jahre noch weitgehend zwischen alter und neuer Schreibweise wählen.

67 Wie beim Turmspringen im Sport gibt es auch im wissenschaftlichen Bereich Aufgaben mit höherem Schwierigkeitsgrad, die mit einer höheren Grundbewertung in die Note eingehen. Das gereicht bei Gelingen der Übung zum Vorteil, setzt sie aber umgekehrt auch eher dem Risiko des Scheiterns aus.

senheit hinsichtlich des Umfanges und der Breite der Bearbeitung im Rahmen des vorgegebenen Themas sowie die Menge und Qualität der herangezogenen Literatur (Vollständigkeit, Einschlägigkeit, Aktualität usw.) bewertet.

- Hinsichtlich der Gliederung wird darauf geachtet, ob die oben in *Lektion 14* benannten Anforderungen eingehalten bzw. umgesetzt sind: Ist der rote Faden durchgängig erkennbar? Stimmen Text und Gliederungspunkte überein? Sind sie adäquat formuliert? Ist die Gliederungstiefe angemessen? Usw.

- Die Rolle einer guten Sprache wurde bereits betont. Vor allem ist wichtig, dass sie klar und verständlich ausfällt, dem wissenschaftlichen Anspruchsniveau gerecht wird, ob sich die Ausführungen flüssig lesen und die orthographischen Regeln eingehalten sind etc.

- Bei der Form der Arbeit geht es in erster Linie um eine korrekte Zitierweise und die usancengemäße Angabe von Quellen. Was hier zu beachten und nicht zuletzt Gegenstand der Bewertung ist, wird in den nächsten beiden Lektionen noch ausführlich zu behandeln sein. Zur Form zählen auch der Umgang mit Abkürzungen sowie die Präsentation von Tabellen, Übersichten, Literatur- oder sonstigen Verzeichnissen u.ä. (s. dazu *Lektion 18*). Schließlich spielt auch das gesamte Layout der Arbeit eine nicht zu unterschätzende Rolle. Dazu gleich mehr! Bleiben Sie dran!

- Als sonstige Komponenten können partikulare Eindrücke wie besondere Gewissenhaftigkeit, Fleiß, auch Kreativität oder Originalität u.a.m. in Betracht kommen.

Vernachlässigen Sie das Layout nicht!

Abschließend ein paar Bemerkungen zur äußeren Gestaltung der Arbeit:

- Sie ist grundsätzlich mit Textverarbeitungssystem am PC zu schreiben[68]. Neben den üblicherweise voreingestellten normalen Seitenrändern (jeweils 2 bis 2,5 cm) ist links zusätzlich ein Rand für Korrekturvermerke zu lassen (etwa 5-6 cm). Der Text soll etwa 1½-zeilig (ca. 15,6 bis 18 pt) geschrieben sein. Anmerkungen werden dagegen einzeilig gesetzt, gegebenenfalls mit einem geringen Absatzabstand voneinander. Als Schrifttype wird eine Proportionalschrift[69] (z.B. *Times Roman*, *Helvetica*, *Omega* u.ä.) der Größe 12 pt für den laufenden Text bzw. Größe 10 pt für die Fußnoten vorgeschlagen[70].
- Es wird empfohlen, im Blocksatz zu schreiben, allerdings unter Einsatz der Silbentrennregelung, um allzu breite Wortabstände zu vermeiden[71].
- Der Seitenumfang für Hausarbeiten wird i.d.R. mit etwa 10-15 Seiten angegeben. Bei Diplomarbeiten gelten normalerweise rd. 50-60 Seiten als Richtlinie. Im Einzelnen wird das von Uni zu Uni verschieden gehandhabt und ist am besten den jeweiligen Prüfungsordnungen zu entnehmen bzw. mit den Prüfern abzusprechen. Dissertationen sind hinsichtlich ihres Umfangs im Allgemeinen nicht begrenzt.

---

68 'Oldies' mögen auch noch zur Schreibmaschine greifen. Allerdings sollte man ihnen aus Mitleid eine zweiwöchige Zusatzfrist einräumen.

69 Proportionalschriften sind solche, bei denen die einzelnen Buchstaben - im Unterschied zu den alten Schreibmaschinenschrifttypen - eine unterschiedliche Breite aufweisen, die jeweils in Proportion zu ihrem Zeichen stehen, also ein 'i' weniger Platz braucht als etwa ein 'm'.

70 Die in diesem Buch verwendete Schrift ist übrigens eine *CG Times (W1)* der Schriftgradgröße 10 für den normalen Text und 9 für die Anmerkungen (Überschriften: 11 und Kapiteltitel: Größe14

Beachten Sie, dass die Größe des Schriftbildes auch von der gewählten Schriftart abhängig ist (so fällt z.B. die Schrift *'Arial'* nicht unwesentlich größer aus als das 'Normalmaß')!

71 Hierbei ist zu überlegen, ob man die Trennungen jeweils manuell vornimmt oder sich der automatischen Trennhilfe bedient, der nicht nur manche Fehler unterlaufen, sondern die zudem auch teilweise unschöne Trennungen produziert ('o-der', 'Organitsati-on', 'Aufnahmeme-chanismus', 'Radi-o' u.ä.). Dies lässt sich tendenziell dadurch vermeiden, dass man in der Option 'Silbentrennzone' mind. 1,5 cm vorgibt.

- Die Seiten sind fortlaufend zu nummerieren (Paginierung). Dies erfolgt üblicherweise in der Form, dass alle Seiten vor Beginn des eigentlichen Textes, also Titelblatt, Gliederung bzw. Inhaltsverzeichnis, gegebenenfalls Vorwort[72] u.ä., mit römischen Ziffern versehen werden[73]. Ab Textanfang setzt dann mit '1' beginnend die arabische Folge ein, wobei die erste Seite meist unbeziffert bleibt[74]. Werden zahlreiche Abbildungen, Tabellen o.ä. verwendet, ist deren Nummerierung ebenfalls angebracht.

- Mit optischen Hervorhebungsmitteln kann man den Text übersichtlicher gestalten. Neben Absatzbildungen (eine Leerzeile einfügen) und Teilüberschriften bieten sich ein anderes Schriftbild (z.B. *kursiv* oder **fett**) oder auch Unterstreichungen an, wie sie mit dem PC problemlos vorgenommen werden können. Schreibmaschinen-Romantiker griffen - aus Mangel an Alternativen - auch auf die g e s p e r r t e Schreibweise zurück. Im Allgemeinen sollte der Einsatz dieser Mittel jedoch nicht übertrieben werden.

- Abkürzungen dürfen nur im allgemein anerkannten Rahmen verwendet werden, andernfalls sind sie (an geeigneter Stelle) gesondert einzuführen (s. hierzu das Beispielverzeichnis auf S. 169). Bei literarischen Quellenverweisen gibt es eine Reihe spezifischer Abkürzungen, worauf in den beiden folgenden Lektionen noch im Einzelnen einzugehen sein wird.

Fazit: Unterschätzen Sie die Wirkung eines ansprechenden Layouts auf den Leser nicht! Und wer ist das wohl bei Prüfungsarbeiten?

---

[72] Vorworte sind allerdings bei Prüfungsarbeiten grundsätzlich unangebracht.

[73] Leider muss man feststellen, dass viele Studierende diese Ziffernnotation heutzutage kaum noch beherrschen (Tendenz - trotz Asterix: *zunehmend*).

[74] Werden statt der römischen Ziffern für Titelblatt, Gliederung usw. gleich arabische verwendet (manchmal geschieht dies nur indirekt), so beginnt der Text bzw. der erste Gliederungspunkt bereits mit der entsprechend höheren Zahl, so wie in diesem Buch z.B. mit der Seite 13.

Check-Liste 'Niederschrift'

Auch hier wieder abschließend eine Checkliste der wichtigsten Punkte für die Niederschrift:

- Sind die Formulierungen allgemein verständlich?
- Ist das sprachliche Niveau durchweg angemessen sachlich gehalten?
- Bleiben die Satzbildungen im Einzelnen kurz und klar (keine Schachtelsätze)?
- Ist der 'Ich-Stil' vermieden worden?
- Sind alle wichtigen Begriffe erklärt?
- Finden sich unnötige Wiederholungen?
- Sind die Darstellungen zeitweilig zu breit oder fallen sie umgekehrt zu kursorisch aus?
- Finden sich unnötige Abschweifungen?
- Ist der Stellenwert zwischen Text und Fußnoten zutreffend geraten?
- Sind die Fußnoten formal korrekt und jeweils an der richtigen Stelle gesetzt? (S. dazu noch *Lektion 16 f.*)
- Finden sich alle verwendeten bzw. zitierten Quellen im Literaturverzeichnis wieder?
- Stimmt in orthographischer und grammatikalischer Hinsicht alles?

LEKTION 16:
Anmerkungen und Zitierrichtlinien

"Wer zu wenig zitiert, erregt den Verdacht,
Originalität vortäuschen zu wollen.
Wer zu viel zitiert, erregt den Verdacht,
mit Belesenheit angeben zu wollen."

Horst Kliemann[75]

'Hiermit erkläre ich an Eides Statt ...!'

Eine Haus- oder Diplomarbeit muss, das versteht sich von selbst, vom Verfasser selbständig erstellt worden sein. Dies bedeutet allerdings nicht, dass man nicht etwa auf fremde Quellen zurückgreifen dürfte - im Gegenteil: wissenschaftliches Arbeiten gebietet geradezu die Auseinandersetzung mit dem einschlägigen Schrifttum. Anfänger befürchten manchmal, dass der Rückgriff auf Literaturquellen die eigene Arbeitsleistung schmälern würde. Das ist eine völlig irrige Ansicht. Das Gebot wissenschaftlicher Redlichkeit verlangt lediglich, dass sämtliche inhaltlich oder wörtlich entnommenen Stellen bzw. Gedanken als solche kenntlich gemacht werden. Nachweisliche Verstöße gegen dieses Gebot werden als Täuschungsversuch gewertet.

Wenn auch bei Hausarbeiten davon im Allgemeinen abgesehen wird[76], hat der Kandidat bei Diplom- oder Doktorarbeiten auf jeden Fall an 'Eides Statt' zu versichern, dass er die Arbeit ...

> *"selbständig und ohne fremde Hilfe verfasst, andere als die angegebenen Quellen und Hilfsmittel nicht benutzt und die den benutzten Quellen wörtlich oder inhaltlich entnommenen Stellen als solche kenntlich gemacht hat."*

---

[75] *Kliemann, Horst*, Anleitungen zum Wissenschaftlichen Arbeiten. Eine Einführung in die Praxis, 8. Aufl., Freiburg 1973, S. 144.

[76] Manchmal wird der betreffende Passus allerdings durch die Unterschrift auf einem obligatorischen Formblatt 'nebenbei' mitunterschrieben.

Die Kenntlichmachung fremder Quellen geschieht üblicherweise mittels einer Fußnote (auch Anmerkung genannt). Jeweils am Ende des übernommenen Begriffes, Satzes, Gedankens oder Abschnitts setzt man hochgestellt und am besten in etwas kleinerem Schriftgrad eine Ziffer[77]. Der Inhalt der Fußnote soll der leichteren Überschaubarkeit halber möglichst auf derselben Seite stehen, und zwar unterhalb des laufenden Textes. Wenn man es wünscht, kann der Fußnotenteil - wie in diesem Buch - durch einen (kurzen) Strich optisch vom Textbereich getrennt werden[78]. Es ist aber auch möglich (und Schreibmaschinen-Nostalgiker werden für diesen Hinweis überaus dankbar sein), die Anmerkungen am Ende der Arbeit in einem sog. Fußnoten- oder Anmerkungsverzeichnis (nicht zu verwechseln mit einem Literaturverzeichnis!) zusammen zu stellen[79].

Die Anmerkungen sind fortlaufend zu nummerieren. Gegen die - noch aus alten Schreibmaschinentagen herrührende - auf jeder Seite jeweils neu mit '1' beginnende Einfügung[80] spricht im Grunde nichts, erscheint aber im Zeitalter der computergestützten Schreibtechnik obsolet. Der Fußnotenteil unter dem Textbereich beginnt jeweils mit der entsprechenden Ziffer[81], welcher der eigentliche Anmerkungsinhalt folgt - in einem etwas kleineren Schriftgrad als das Textmaß.

---

77 Also in dieser Weise! Dabei bewirkt allerdings die Hochstellung der Ziffer trotz gleichen Schriftgrades wie der Text eine Verkleinerung derselben (wie hier zu sehen). Probieren Sie es einfach aus!

78 Textverarbeitungsprogramme erledigen das - ganz nach Bedarf - automatisch.

79 Das Textverarbeitungsprogramm *Word* bezeichnet diese Option als 'Endnote' (im Gegensatz zur 'Fußnote').

80 Der Grund liegt auf der Hand: Bei nachträglich hinzugefügten oder fortgelassenen Fußnoten brauchte jeweils nur die betreffende Seite neu getippt zu werden, jedenfalls soweit der Seitenumbruch davon nicht berührt war.

81 Von der im Text vorgenommenen Hochstellung wird dabei zuweilen auch abgesehen. Manche setzen hinter die Zahl sogar noch eine Klammer. Dies sind im Einzelnen Geschmacksfragen. Unser Tipp: Überlassen Sie das Problem einfach Ihrem automatischen Fußnotenprogramm!

'Mal wörtlich und 'mal sinngemäß

Man unterscheidet grundsätzlich zwei Formen der Quellenübernahme: wörtliche (Zitate) und sinngemäße (oder inhaltliche).

Anfang und Ende der *wörtlichen* Wiedergabe werden durch doppelte Anführungsstriche gekennzeichnet. Zu Beginn des Zitats stehen sie - je nach technischer Möglichkeit bzw. Geschmack - unten oder oben, am Ende immer oben.

Beachte: Wörtlich gibt man eine fremde Textstelle im Prinzip nur wieder, wenn es entscheidend auf die Originalformulierung ankommt. Dies mag deshalb der Fall sein, weil die betreffende Passage als besonders charakteristisch oder sprachlich prägnant angesehen wird oder weil sie als Beweis bzw. Bestätigung einer ganz bestimmten Auffassung oder Ausdrucksweise dokumentiert werden soll. Das wird normalerweise nicht allzu häufig der Fall sein, sodass als *Grundsatz* gilt, *mit wörtlichen Zitaten sparsam umzugehen*! Auf keinen Fall darf man eine lediglich mit einigen Ein- oder Überleitungsformulierungen garnierte Zitatensammlung abliefern!

Merke: Am wörtlich zitierten Text dürfen Veränderungen nur vorgenommen werden, wenn sie als solche kenntlich gemacht werden. Fortlassungen werden durch drei Punkte, Ergänzungen durch eckige Klammern angezeigt; letztere werden der Eindeutigkeit halber oftmals noch zusätzlich mit den Initialen des Verfassers versehen.

Beispiel:

"Solange diese [gemeint: die Verfassung, MB] gilt, ... kann man davon ausgehen, dass die staatlichen Institutionen ..." usw.

Hervorhebungen im zitierten Text sind grundsätzlich zu übernehmen beziehungsweise, wenn sie vom Verfasser zugefügt oder auch fortgelassen wurden, am Ende der jeweiligen Quellenangabe als solche zu vermerken.

Beispiel:

Im Original heißt es: "Das *reale* Handeln der Menschen erweist sich in den meisten Fällen als irrational."

Wollen Sie diese Stelle wörtlich wiedergeben und lassen dabei die kursive Hervorhebung fort, so bedarf die Fußnote *nach* Nennung der genauen bibliographischen Angabe noch des Zusatzes *'Hervorh. im Original vom Verf. fortgelassen'.* Heben Sie in einem Zitat andererseits ein (oder mehrere) Wort(e) hervor, die im Original 'normal' gesetzt sind, so lautet der entsprechende Passus am Ende des bibliographischen Verweises: 'Hervorh. durch den Verf.'.

Kommen im Zitat selbst 'Gänsefüßchen' vor, so sind sie durch einfache Anführungszeichen anzuzeigen.

Beispiel:

"Der Begriff 'Marktwirtschaft' sagt wenig darüber aus ..."

Sinngemäße Wiedergaben von Gedanken oder Textstellen werden dagegen nicht durch Anführungszeichen hervorgehoben. Zur Unterscheidung vom wörtlichen Zitat beginnt die Anmerkung mit dem Kürzel 'vgl.' (für: 'vergleiche').

Schwierig erweist sich für viele dabei die Frage, an welcher Stelle die Fußnote genau zu erfolgen hat. Grundsätzlich gilt, dass aus dem Text und der Setzung der Fußnote exakt hervorgehen muss, wie weit die inhaltliche Übernahme genau reicht. Z.B. kann man nicht etwa über mehrere Seiten hinweg einen bestimmten Autor sinngemäß wiedergeben und erst ganz am Ende eine entsprechende Fußnote bringen. Der fachkundige Leser wird unter Umständen schon vorher mutmaßen, dass der Verfasser hier gar nicht selber spricht, und fragen: Wo ist das her? Wessen Argumente werden hier wiedergegeben? Aber auch ohne solchen Verdacht würde eine allzu späte Fußnotensetzung nicht hinreichend deutlich machen, ab wann die sinngemäße Übernahme beginnt. In diesem Fall wäre es angebracht, gleich zu Beginn der übernommenen längeren Passage einen Hinweis in Form einer Fußnote zu setzen, dass die folgenden Ausführungen auf den Autor *xy* zurückgehen. Aus den Formulierungen im Text muss dann genau hervorgehen, wie weit sich dieser Hinweis erstreckt und die Wiedergabe des fremden Gedankengutes jeweils reicht. Über einen neuen Gliederungspunkt oder ähnliche Zäsuren darf dabei auf keinen Fall hinausgegangen werden. Im Einzelnen muss man etwas sprachliche Fantasie entwickeln, um die Trennung zwischen eigenen und fremden Gedanken jederzeit deutlich werden zu lassen.

Beispiel:

Sie schreiben: *Autor xy unterscheidet hier drei Aspekte: erstens ...; zweitens ...; drittens ...* *

Demgegenüber ist yz der Meinung, *dass ...* *

Dagegen wäre allerdings einzuwenden ...

Hier wären auf jeden Fall zwei Anmerkungen erforderlich, die auf die entsprechenden Literaturstellen verweisen (hier angedeutet durch das Zeichen '*'), und zwar für die beiden zitierten Autoren je eine. Man kann sie entweder gleich hinter den Namen setzen oder auch erst am Ende des vorgetragenen Argumentes anfügen - wie hier vorgeschlagen. Stammt der nachfolgende Einwand dem eigenen kritischen Geist des Verfassers, entfällt eine weitere - potenzielle - Anmerkung natürlich.

Oder:

Im Folgenden sollen zunächst die in der Literatur anzutreffenden Vorschläge vorgestellt und analysiert werden. So präferiert z.B. Binding eine Lösung, die ...*

Er setzt sich weiterhin dafür ein, dass ...

Schließlich ist er der Meinung, dass ...

Ein anderer Vorschlag geht dahin, die Steuern so zu gestalten ...*

Bei diesem Beispiel genügt es, für die ersten drei Absätze bzw. Argumente, die auf *Binding* zurückgehen, grundsätzlich nur einen Literaturverweis zu geben (hier gleich hinter dem Namen mit '*' eingefügt), es sei denn die betreffenden Passagen entstammen verschiedenen Arbeiten des gleichen Autors oder finden sich zwar in *einem* Beitrag, dort aber über weit auseinanderliegende Seiten verstreut. Für solche ebenso wie für alle Zweifelsfälle empfiehlt es sich, lieber mehrmals eine Fußnote einzufügen, wobei man sich der verkürzten Hinweisform 'vgl. ebenda' (mit entsprechender Seitenangabe) bedienen kann (s. dazu genauer weiter unten in dieser Lektion).

Manche Gemüter bewegt die Frage, ob die Anführungsstriche am Ende des Zitats (gegebenenfalls) vor oder hinter dem Satzzeichen stehen sollten bzw. an welcher Stelle genau die Fußnotenziffer zu setzen ist: vor oder hinter den Anführungsstrichen? Der Klärung solcher Feinheiten[82] haftet zeitweilig der Anschein von Haarspalterei an. Unser Tipp: Entscheiden Sie sich einfach für eine bestimmte Notation und halten Sie diese dann für die gesamte Arbeit strikt bei! Wen es interessiert (oder wer einfach zu faul ist, es durch Herumblättern im Text selbst herauszufinden), nach welcher Regel in diesem Buch bezüglich solch 'heikler Fragen' verfahren wird, dem seien die entsprechenden Handhabungsprinzipien verraten:

- *Prinzip 1*: Satzzeichen gehören zum (wörtlichen) Zitat, daher folgen die Anführungsstriche *nach* dem Zeichen!

  Beispiel: *"... zu sagen haben."*

- *Prinzip 2*: Die Fußnotenzahl folgt bei wörtlichen Zitaten unmittelbar hinter den Anführungsstrichen am Ende.

  Beispiel: *"... zu sagen haben."** (Das Sternzeichen '*' fungiert hier als Stellvertreter für eine beliebige Fußnotenziffer.)

- *Prinzip 3*: Bei sinngemäßer Übernahme von Gedanken oder Begriffen tritt die Form bzw. Bedeutung der Zeichensetzung dagegen in den Hintergrund, sodass dort anders verfahren wird: Die Fußnotenziffer wird unmittelbar am Ende des betreffenden Begriffes oder letzten Wortes des übernommenen Arguments gesetzt, ohne Rücksicht darauf, ob noch ein Satzzeichen folgt oder nicht.

  Beispiel: *Nach Auffassung von xy kommt dem Theorem von Radcliffe aber keine entscheidende Bedeutung mehr zu**.

  Die Fußnote steht dann *vor* dem Satzzeichen!

Trösten Sie sich: *'Wer über gewisse Dinge den Verstand nicht verliert, hat keinen zu verlieren!'* (Gotthold Ephraim Lessing)

[82] Dazu gehört auch das 'schwierige Problem', ob der Fußnotentext *immer* mit einem Punkt enden sollte oder manchmal auch ohne bleiben könnte, zum Beispiel, wenn es sich um einen unvollständigen Satz oder gar nur um ein Wort handelt. (Wir haben uns hier für den Punkt entschieden.)

Müssen Sekundärquellen auch genannt werden?

Eine Frage, die im Zusammenhang mit der sinngemäßen Übernahme fremder Quellen immer wieder gestellt wird, betrifft das Problem, wie zu verfahren ist, wenn der zitierte Autor innerhalb der wiedergegebenen Passage selbst auf andere Quellen verweist. Zum Beispiel soll eine Aussage des Autors *xy* übernommen werden, die bei diesem selbst mit einer Fußnote versehen ist, in welcher er auf Autor *yz* verweist. Muss diese Quelle ebenfalls - zusätzlich - angegeben werden?

Die Frage ist nicht einfach zu beantworten. Zunächst ist zu klären bzw. zu unterscheiden, ob es sich um ein sog. Sekundärzitat oder 'lediglich' um die Fundierung der eigenen Auffassung des Autors *xy* handelt. Ein Sekundärzitat läge vor, wenn die betreffende Aussage im Grunde nicht auf *xy* zurückgeht, sondern direkt dem Autor *yz* zuzurechnen ist. In diesem Falle wäre auch nur letzterer zu nennen und der Verweis auf *xy* gar nicht angebracht. Allerdings darf man sich dann nicht auf die Sekundärangaben verlassen, sondern muss die eigentliche Originalquelle selbst heranziehen bzw. überprüfen.

Handelt es sich dagegen um die Abstützung eigener Teilargumente des Autors *xy,* z.B. durch den Verweis auf ähnliche Auffassungen oder den Rückgriff auf Daten oder Untersuchungsergebnisse, die sozusagen nur als Vorleistungen zur Herleitung einer bestimmten Auffassung herangezogen worden sind, so ist deren Nennung überflüssig, da sie ja nur indirekt in die eigene Position des *xy* eingeflossen sind und hinter dieser zurücktreten. Wollte man solche Rückverweise in der betreffenden Fußnote zusätzlich anführen (Beispiel[83]: Vgl. Autor *xy,* Titel des Beitrags usw., S. 5; dieser verweist dabei auf *yz,* Titel des Beitrags usw., S. 73 sowie auf die Autoren *xyz...* usw.), würden diese rasch nahezu endlos werden, zumal die 'Sekundärautoren' sich in der Regel ihrerseits anderer Quellen bedient haben dürften.

Beachte: Wörtlich oder sinngemäß übernommene Passagen fließen in den Argumentationsgang des Verfassers mit ein und werden, sofern nicht ausdrücklich anders vermerkt, als inhaltlich von ihm selbst vertreten gewertet. D.h. man kann sich bei unklaren, falschen oder widersprüchlichen Argumenten nicht etwa nachträglich damit herauszureden versuchen, dass

---

[83] Wegen der *genauen* Form der Quellenverweise s. weiter unten S. 141 ff.

der Gedanke ja nicht von einem selbst stamme, sondern übernommen sei. Über die zitierten Quellen setzt man sich mit dem Stoff auseinander, erkennt fremde Wegbereiter an, bekämpft Andersgläubige bzw. widerlegt - überspitzt formuliert - mögliche Einwände in einer 'Art von wissenschaftlichem Präventivkrieg'[84].

Anmerkungen kommen demnach auch für Hinweise auf weiterführende Literatur, abweichende Auffassungen o.ä. in Betracht, finden sich aber ebenso für Vor- und Rückverweise innerhalb der Arbeit selbst oder wenn ergänzende, präzisierende Einschübe gebracht werden, die für das Verständnis des laufenden Textes entbehrlich erscheinen. Um einer übertriebenen Verwendung der letzteren Form vorzubeugen, halte man sich an die Faustregel: *Entweder gehört etwas in den Text, dann braucht es auch nicht in einer Fußnote versteckt zu werden, oder es gehört nicht hinein, dann lasse man es fort!*

Das latente Psychodrama, das sich zwischen Text und Fußnote abspielt, hat wiederum *Lütkehaus* deliziös ironisiert. Er beschreibt es als 'Wandlungsdrama': "Um es zu verstehen, muss man den Weg von oben nach unten nur in umgekehrter Richtung zurücklegen. Denn darauf ist die Fußnote ihrem tiefsten Wesen nach berechnet: dass sie die Möglichkeit zu diesem Aufstieg und die mit ihm einhergehende Auferstehung schafft."[85]

Zum Umgang mit fremdsprachigen Texten

Wie ist bei - wörtlicher oder sinngemäßer - Wiedergabe von fremdsprachigen Quellen zu verfahren? Hier ist zunächst danach zu unterscheiden, um *welche* Sprache es sich handelt.

Geht es um *englische* oder *amerikanische* Originaltexte, ist die Sache relativ unproblematisch, jedenfalls was den wirtschafts- und sozialwis-

---

[84] Vgl. *Lütkehaus*, a.a.O., der spöttisch meint, dass dies keineswegs immer nervtötend sein muss: "Langweiler und Konturenschwache können vielmehr plötzlich ihr verschüttetes polemisches Genie entdecken. Scheinbar Friedfertige mutieren unversehens zu Henkersseelen. Die väterlichen Lehrer von ehemals werden von ganz Undankbaren rabiat entmündigt. 'Ab in die Fußnote!' lautet die verschwiegene Maxime, nach der sich der Königsmord am Vorgänger am elegantesten macht." (Ebenda)

[85] Ebenda.

senschaftlichen Bereich ebenso wie zahlreiche weitere Fachdisziplinen betrifft. Zwar schreiben die (Diplom-)Prüfungs- und Dissertationsordnungen die deutschsprachige Abfassung der Arbeit grundsätzlich vor[86], gegen die Einfügung englischsprachiger Originalzitate hat dagegen niemand etwas einzuwenden, da Konsens darüber besteht, dass wesentliche Teile der internationalen Fachdiskussion sich in dieser Sprache abspielen und die Kenntnis derselben unabdingbare Voraussetzung für das Fachstudium und die Erstellung entsprechender Ausarbeitungen ist. Nur die Form der Quellenangabe bedarf der Klärung ebenso wie die Frage, ob es sich empfiehlt, bei wörtlichen Zitaten - sozusagen als zusätzlichen 'Service' - eine übersetzte Version anzufügen, sei es auf Basis einer publikatorisch vorliegenden Übersetzung, sei es, dass diese durch den Verfasser selbst erfolgt. Grundsätzlich darf man zwar davon ausgehen, dass dies nicht erforderlich ist; möchte man gleichwohl dem Leser diese Informationshilfe bieten, so kann dies entweder im Text, gleich im Anschluss an die betreffende Originalpassage im Rahmen eines eckigen Klammerzusatzes bei gleichzeitiger Setzung von 'Gänsefüßchen' erfolgen, besser jedoch in der betreffenden Fußnote gleich nach dem Quellenverweis [optional wiederum als eckiger Klammerzusatz]. Der Hinweis auf den jeweiligen Übersetzer ist dabei an geeigneter Stelle zu platzieren (S. z.B. unsere 'Musterfußnote' Nr. 3 auf S. 143).

Hinsichtlich der *übrigen Sprachen* kann nicht davon ausgegangen werden, dass Originaltexte unübersetzt eingefügt werden dürfen. Hier werden die entsprechenden Prüfungs- und Verfahrensordnungen nicht so weit ausgelegt[87] und für den Fall eines Originalzitats die Übertragung der Passage ins Deutsche verlangt. Ausnahmen bilden lediglich berühmte Aussprüche oder sog. 'geflügelte Worte' wie etwa *"L' État c' est moi!"* oder *"summa ius summa iniuria"*, deren Kenntnis zur fundierten Allgemeinbildung eines (angehenden) Akademikers gerechnet wird.

---

[86] In manchen Bereichen gibt es in Bezug auf das Englische auch Ausnahmen.

[87] Dies gilt natürlich nicht für alle universitären Fachdisziplinen gleichermaßen, wenn man z.B. an die Sprachwissenschaften oder Fächer wie Altphilologie oder Theologie u.a. denkt, in denen gewisse Sprachen (nicht zuletzt auch das Lateinische) im 'Originalton' durchaus zulässig bzw. Usus sind.
Für den wirtschafts- und sozialwissenschaftlichen Bereich mag es vereinzelt auch vorkommen, dass *französische* Texte gleichfalls akzeptiert werden.

Formal ist hier umgekehrt wie bei den englischsprachigen Texten vorzugehen: Die wörtlich entnommene Passage ist in ihrer deutschen Fassung in den laufenden Text zu integrieren und das fremdsprachige Original kann entweder unmittelbar dahinter in eckigen Klammern folgen oder - besser - in die entsprechende Fußnote hinter dem Quellenverweis eingefügt werden. Es liegt auf der Hand, dass hierbei sinngemäße Wiedergaben fremdsprachiger Passagen auf keinen Fall zulässig sind, da die Anfügung - möglicherweise - seitenlanger Originaltexte grundsätzlich nicht zumutbar ist.

Form der Quellenangaben

Für die Form der Quellenverweise haben sich gewisse Usancen herausgebildet, die sich von Fach zu Fach unterscheiden - z.T. sogar nicht unerheblich. Im Folgenden werden die im wirtschafts- und sozialwissenschaftlichen Gebiet gebräuchlichen Zitierformen dargestellt. Selbst hier sind im Einzelnen zahlreiche Varianten und Abweichungen zu konstatieren, an deren alternativer Verwendung es gar nichts auszusetzen gibt, solange sie die elementaren *Grundsätze der Eindeutigkeit* und *der Einheitlichkeit* nicht verletzen.

♦ Einzelschriften

Quellenbezeichnungen bei Einzelschriften (Monographien) müssen die folgenden Angaben[88], und zwar in der vorgegebenen Reihenfolge (in der Regel durch Kommata getrennt) enthalten:

Nachname des Autors, *Vorname* (evtl. abgekürzt), *Titel des Buches* (gegebenenfalls einschließlich des Untertitels), die verwendete *Auflage* (ohne Attribute wie 'ergänzte', 'erweiterte' o.ä.), Erscheinungs*ort* und Erscheinungs*jahr* sowie die exakte *Seitenangabe.* Die Nennung des Verlages wird bei deutschsprachiger - im Gegensatz zur angelsächsischen (s. unten dritte Musterfußnote, S. 143) - Literatur gewöhnlich fortgelassen, obwohl sie im Prinzip informativer ist als die Auflistung des Erscheinungsortes,

---

[88] Maßgeblich sind hier immer die Angaben auf dem inneren Titelblatt des Buches und nicht diejenigen des äußeren Einbanddeckels, da diese zeitweilig aus marktstrategischen Gründen (leicht) abweichend formuliert oder gesetzt sein können.

also des Verlags*sitzes*. Den Autorennamen findet man übrigens häufig auch kursiv hervorgehoben.

Beispiel[89]:

[1] *Schneider, Wilhelm*, Standortlehre. Ein Beitrag zur betriebswirtschaftlichen Analyse von Standortfaktoren, 3. Aufl., Tübingen 1996, S. 234.

Wie man sieht, werden akademische Titel oder Grade wie 'Prof.' 'Dr.' u.ä. nicht angeführt (übrigens auch nicht im Literaturverzeichnis[90]). In wissenschaftlichen Arbeiten zählt allein das Argument. Die Frage, welches jeweils stichhaltiger ist oder wer Recht hat, wird nicht etwa danach entschieden, mit welchen oder wie vielen akademischen Rängen ein Protagonist dekoriert ist - womöglich nach der Maxime: *'Prof. schlägt Dr.'* oder *'Zwei Doktortitel siegen über nur einen!'* o.ä.

Zur weiteren Beachtung: Titel und Untertitel des angeführten Buches werden - abweichend von der ansonsten üblichen durchgängigen Kommasetzung - gewöhnlich durch einen Punkt getrennt. Auf der Titelseite des Bandes sind sie dagegen meist durch einen Zeilenumbruch ohne besondere Zeichensetzung separiert. Lediglich die auf der Rückseite des Titelblattes zu findende CIP-Einheitsaufnahme der Deutschen Bibliothek ('*C*ataloging *i*n *P*ublication') setzt hier einen Doppelpunkt. Hier findet sich übrigens auch die '*I*nternational *S*tandard *B*ook *N*umber' (ISBN), unter der das Buch international firmiert, die allerdings im Quellenverweis bzw. Literaturverzeichnis nicht angeführt wird.

Dissertationen, die - wie häufig - nicht über einen Verlag erschienen, sondern im Selbstdruckverfahren erstellt worden sind und von den meisten Bibliotheken in einem gesonderten Katalog(teil) bzw. Rubrik geführt werden, sind zunächst wie publizierte Einzelschriften anzugeben. Am Ende (nach Titel bzw. Untertitel) folgt dann der Zusatz 'Diss.' mit der Nennung des Promotionsortes und -jahres (letzter Tag der mündlichen Prüfung entscheidend), die man jeweils dem Titelblatt bzw. der Innenseite

---

[89] Dass die Fußnotenziffer am Anfang der Anmerkung - hier als hochgestellte '1' vor *Schneider* - auch manchmal 'ebenerdig' gesetzt und (zusätzlich) mit einer Klammer versehen wird, darauf wurde bereits hingewiesen (s. oben Anm. 81).

[90] Den meisten Publikationen können Sie nicht einmal entnehmen, welche akademischen Grade oder Positionen der/die Autoren überhaupt innehaben.

desselben entnehmen kann. Auf die Angabe der konkreten Universität, Fakultät oder Fachbereich (etwa 'FU Berlin', 'Fachbereich 12') wird verzichtet.

Beispiel:

[2] *Kirchner, Rolf*, Steuerliche Aspekte von Betriebsauflösungen, Diss. Berlin 1999, S. 23.

Ist die Dissertation 'verlagsmäßig' publiziert, ist nach dem Muster einer Einzelschrift zu verfahren. Dies gilt auch für Habilitationsschriften, die nahezu ausschließlich als Buch erscheinen. Ein Zusatz, dass es sich um eine Dissertation oder Habilschrift handelt, sofern darauf überhaupt hingewiesen wird, ist grundsätzlich nicht erforderlich.

Handelt es sich um ein Werk, das mehrere Autoren gemeinsam verfasst haben, brauchen sie nicht sämtlichst aufgelistet zu werden. Sind es nur zwei Verfasser, so sind beide anzugeben. Bei mehr als zweien reicht es dagegen aus, lediglich den ersten zu nennen und den Zusatz *'u.a.'* (= und andere) bzw. *'et al.'* (= et alii) anzufügen. Für das Auffinden der Quelle in der Bibliothekskartei ist immer der erstgenannte Name entscheidend und in aller Regel hinreichend. Um Verwechslungen mit Doppelnamen o.ä. auszuschließen, geschieht die Trennung der Namen zweckmäßigerweise durch einen Schrägstrich.

Beispiele:

[3] *Sachs, J.D./Larrain B.*, Macroeconomics in The Global Economy; Prentice-Hall, Inc. 1993; hier zitiert nach der deutschen Ausgabe *Makroökonomik in globaler Sicht,* aus dem Amerik. von H.J. Ahrns, München, Wien 1995, S. 41.

[4] Vgl. *Lowe, O.* et al., Wechselkursschwankungen vor dem Hintergrund der künftigen Europäischen Währungsunion, Mainz 1993, S. 2 ff.

Erstreckt sich eine wörtlich oder sinngemäß entnommene Passage auf die nächstfolgende(n) Seite(n), so ist dies entsprechend anzugeben (Beispiel: S. 25/26 oder S. 261-265). Man kann sich auch - wie im obigen Beispiel - der Kürzel 'f.' (= folgende) bzw. 'ff.' (= fortfolgende) bedienen.

♦ Beiträge in Zeitschriften und Sammelwerken

Aufsätze in Zeitschriften oder (vergleichbaren) Periodika müssen neben dem Namen, Vornamen und Titel des Beitrags (Artikels, Stichworts) die genaue *Bezeichnung der Zeitschrift* enthalten. Zusätzlich ist der *Jahrgang* (abgekürzt: *'Jg.'*) und zur besseren Orientierung daneben auch das *Erscheinungsjahr* (meist in Klammern) sowie natürlich wiederum die entsprechende *Seite* zu nennen. Erscheinungsort und Herausgeber[91] der Zeitschrift werden dagegen nicht erwähnt. Zwischen den Titel des Beitrags und der Zeitschriftenangabe wird ein 'in:' eingeschoben.

Beispiel:

[5] Vgl. *Müller, Monika v.*, Zur Bestimmung der optimalen Größe von Bankbetrieben, in: Bankenzeitschrift, 8. Jg. (1992), S. 23.

Wie man sieht, werden 'Nobilitierungszusätze' ('von', 'Freifrau', 'Graf' o.ä.) zum Vornamen gesetzt (Beispiel: *Lambsdorff, Otto Graf von*).

Bei Sammelwerken, z.B. Kompendien, Festschriften oder zu einem Schwerpunktthema zusammengestellte Beiträge, wird etwas anders verfahren. Hier ist neben dem Autor und dem Titel des Beitrages auch der Name der (des) *Herausgeber(s)* sowie der Titel des Werkes nebst Erscheinungsort und -jahr anzuführen. Dass es sich um Herausgeber handelt, wird durch einen nachgefügten Klammerzusatz *'(Hrsg.)'* oder durch das vorangestellte Kürzel *'hrsg. von'* kenntlich gemacht. Hinter dem Titel des betreffenden Beitrages wird - wie bei Zeitschriften - vor der Angabe des Sammelwerkes wiederum ein *'in:'* zwischengefügt.

Beispiele:

[6] *Halsig, G.*, Industrielle Strukturprobleme im Wandel der Zeit, in: Galtung, I./Heimer, K. (Hrsg.), Handwörterbuch der Betriebswirtschaftslehre, 6. Aufl., Berlin 1985, S. 444.

---

[91] Als Herausgeber einer Publikation(sreihe) fungieren Wissenschaftler oder andere kompetente Fachleute, die für die redaktionelle Konzeption verantwortlich zeichnen. Sie haben dabei nicht nur auf Umfang und Qualität der Beiträge, sondern auch darauf zu achten, dass sie sich dem inhaltlichen Programm einpassen und termingerecht fertiggestellt werden.

[7] *Pelzig, R.*, Art. 'Abschreibungsverfahren', in: Kompendium der Buchhaltung, hrsg. von G. Mayer und W. Falter, Bd. 1, New York, Lübars usw. 1997, S. 18, Sp. 2.

Das Kürzel 'Sp.' steht für 'Spalte' und stellt eine Kannangabe dar, die nicht zwingend erforderlich ist. Lexika und ähnliche Bände sind oftmals in zwei- oder mehrspaltigem Druck gesetzt, sodass solche Zusatzangabe durchaus der rascheren Auffindung der zitierten Stelle dienen kann.

♦ Beiträge und Artikel aus Zeitungen

Auch Artikel oder Fachbeiträge in Zeitungen kommen natürlich als Quellen in Frage. Zum einen sind viele ihrer Kolumnen, jedenfalls was so renommierte Blätter wie die *Frankfurter Allgemeine Zeitung* oder die wöchentlich erscheinende *DIE ZEIT* u.a.m. anbetrifft, durchaus von hohem wissenschaftlichen Niveau, zum anderen können sie auch zur Unterlegung von Datenmaterial oder zur Dokumentation einer bestimmten Auffassung bzw. eines Standpunktes zweckdienlich sein.

Die Form der Quellenangabe unterscheidet sich leicht von derjenigen bei Fachzeitschriften. Anzuführen ist zunächst der Name des Blattes, aber - analog zur Zeitschrift - nicht der/die Herausgeber. Dahinter folgt häufig noch der Erscheinungsort und, sofern identifizierbar, die laufende Nummer des Exemplars sowie (manchmal im Klammerzusatz) der Erscheinungstag bzw. der Jahrgang. Einzelheiten zur genauen Identifikation der Zeitung finden Sie auch im sog. Impressum der jeweiligen Ausgabe.

Ob auch der Titel des Beitrages und/oder der/die Autor/en anzufügen sind, hängt von der Art des Artikels ab:

- Handelt es sich lediglich um eine kurze Notiz, etwa einen 'Zehnzeiler', unter einer knappen Überschrift ohne Nennung eines (vollen[92]) Autorennamens, so entfällt sowohl Namens- als auch Überschrift- bzw. Titelangabe.
- Hat man es mit einem längeren Artikel zu tun - etwa über eine halbe Zeitungsseite (ohne Reklame versteht sich), dann sollte zumindest der

[92] Zumeist wird nur ein Autorenkürzel angefügt.

Titel des Berichts angeführt werden. Firmiert er explizit unter einem Autor, so könnte dieser je nach Einschätzung der Qualität des Essays und/oder dem Renommee des betreffenden Schreibers durchaus ebenfalls davor gesetzt werden.

- Die Angabe von Autor und Titel des Beitrages empfiehlt sich dagegen grundsätzlich, wenn es sich um signifikante 'Frontpage-Leitartikel' oder ganzseitige Fachbeiträge von hohem Niveau handelt.

Die Grenzen sind im Einzelnen - wie so oft - fließend. Ob jeweils auch die betreffende Seitenzahl anzuführen ist, wird unterschiedlich gehandhabt. Sie gilt im Großen und Ganzen eher als 'Kannangabe'.

Beispiele:

Sie wollen in Ihrem Text auf warnende Töne über die 'schlechte Qualität der Euro-Münzen' hinweisen, über die Sie aus der Presse erfahren haben. Die entsprechende Fußnote lautet:

[8] Vgl. Der Tagesspiegel, Berlin, Nr. 16957 vom 7.02.2000, S. 20.

Haben Sie aus einem Zeitungsartikel wörtlich zitiert, bei dem es auf den Autor nicht ankommt bzw. keiner auszumachen ist, heißt es:

[9] 'Geldmarktsteuerung wird flexibler. Bank von England plant Wertpapierpensionsgeschäfte', in: Börsen-Zeitung, Frankfurt am Main, vom 5. Dez. 1996.

Der Titel des Beitrages wird dabei oftmals - wie hier geschehen - durch einfache (manchmal auch durch doppelte) Anführungsstriche hervorgehoben. In welcher konkreten Variante die Datumsangabe zu schreiben ist, bleibt Geschmackssache, sollte allerdings durchgängig einheitlich erfolgen.

Wollen Sie in Ihrer Arbeit die Auffassung eines (namhaften) Autors herausstellen, die dieser in einem Zeitungsbeitrag vertreten hat, so lautet der Quellenverweis:

[10] Vgl. *Schmidt, Helmut,* Aufgeschoben ist aufgehoben. Sechs Gründe, aus denen der Euro nicht scheitern darf - schon gar nicht an den Deutschen, in: DIE ZEIT, Hamburg, 52. Jg. (1997), Nr. 25 vom 13. Juni, S. 1.

Oder:

[11] *Peffekoven, Rolf,* Gesetzesauftrag beim Länderfinanzausgleich nicht erfüllt, in: Süddeutsche Zeitung, München, Nr. 38 vom 16.02.2000, S. 28.

♦ Sonstiges: Auskünfte, Interviews, juristische Quellen

Da sich dieses Buch, wie erwähnt, weitgehend auf Empfehlungen für wissenschaftliche Ausarbeitungen konzentriert, die primär auf Basis publizierten Materials verfasst werden, kommen Auskünfte oder Interviews als Textfundierung - anders etwa als auf dem Gebiet der empirischen Sozial- oder Feldforschung - eher nur als 'Randbeigaben' in Betracht. Gleichwohl mag die Einflechtung entsprechend gewonnener Informationen nicht uninteressant oder gar fehl am Platze sein. Allerdings ist die Frage der Überprüfbarkeit zu stellen. Hat man die entsprechende Information, z.B. über firmeninternes Datenmaterial oder zu Geschäftspraktiken von einzelnen Betrieben, durch Anfragen erhalten, so sind diese für Außenstehende nur nachvollziehbar, wenn sie auch in schriftlicher Form vorliegen bzw. präsentiert werden können (z.B. im Anhang[93]). Mündlich erteilte Auskünfte, so informativ sie im Einzelnen auch gewesen sein mögen, sind lediglich von untergeordnetem Wert, selbst wenn man sie in einem eigens angefertigten 'Gesprächsprotokoll' fixiert hat. Dies kann, wie leicht einzusehen ist, nicht nur fehlerhaft erstellt, sondern im Prinzip auch - *'weil es so schön in die Argumentation gepasst hätte'* - frei erfunden sein. Wie will man das überprüfen?

Beim Rückgriff auf *juristische Literatur*[94] oder Gesetzestexte sind einige Besonderheiten zu beachten, die vor allem von der Art der herangezogenen Quelle abhängen.

---

[93] Achtung: Zuvor Einverständnis der Herausgeber/Verfasser des Info-Materials einholen!

[94] Für Einzelheiten und Spezifika sei hier nochmals auf die entsprechende Spezialliteratur verwiesen. Grundsätzlich ist jedoch zu bemerken, dass die in fachjuristischen Arbeiten üblichen äußerst komprimierten Kurzformen im wirtschafts- und sozialwissenschaftlichen Bereich etwas ausführlicher ausfallen sollten, da hier die konkreten Abkürzungsbedeutungen weniger geläufig sind.

Zitiert man - wörtlich oder sinngemäß - aus *Gesetzestexten*, so ist neben der Gesetzesüberschrift bzw. dem 'offiziellen' Kürzel zunächst der (die) betreffende(n) Paragraph(en) - in Verb. mit dem entsprechenden Zeichen *'§'* bzw. *'§§'* - oder der/die Artikel (abgekürzt *'Art.'*) anzuführen, gegebenenfalls noch nebst genauerer Angabe von Absatz (*'Abs.'*) und Satz[95] (*'S.'*).

Beispiel[96]**:**

12 Vgl. § 40 Abs. 2 Satz 1 HGB.

oder alternativ:

12 Vgl. § 40 II 1 HGB.

Bei bekannteren Gesetzen, die in allgemeinen Gesetzestextsammlungen zusammengestellt (*'Schoenfelder'*, *'Sartorius'* u.a.) und für jedermann leicht zugänglich sind, reicht in der Regel die abgekürzte Form, wie im obigen Beispiel beim 'Handelsgesetzbuch', aber auch beim BGB, dem Grundgesetz ('GG') usw. Die betreffenden Kürzel sind allerdings in das Abkürzungsverzeichnis aufzunehmen. Auch die amtliche Publikationsstelle, z.B. im *Bundesgesetzblatt* (*'BGBl.'*), braucht in diesen Fällen nicht gesondert angegeben zu werden, es sei denn, man bezieht sich auf eine ganz bestimmte Fassung des Gesetzes (*'i.d.F. vom'* = in der Fassung vom), die heute so nicht mehr in den mittels Ergänzungslieferungen ständig aktualisierten Loseblattsammlungen bzw. den entsprechenden Online-Präsentationen zu finden ist.

Handelt es sich um speziellere Gesetze oder Richtlinien, (Durchführungs-)Verordnungen u.ä., so ist neben der ausführlichen Bezeichnung des Gesetzes auch deren amtliche Veröffentlichungsquelle mit anzuführen. Am Ende steht - wie immer - die genaue Seitenangabe. Hier pflegen Juristen in der Regel nur die erste Seitenzahl der jeweiligen Stelle anzuführen, auch wenn sie sich auf eine Passage aus Paragraphen oder Artikel beziehen, die erst auf späteren Seiten zu finden sind.

---

95 Absätze tragen in Gesetzestexten meist selbst explizit Nummern, während Sätze nicht selten auch mittels kleiner hochgestellter Ziffern nummeriert sind. Andernfalls muss man sie eben indirekt abzählen.

96 Sie sehen richtig! Juristen geizen bei Quellenverweisen in der Tat mit Kommata.

Beispiel[97]**:**

[13] Vgl. § 10 Abs. 4 Finanzausgleichsgesetz (FAG) vom 23.06.1993 BGBl. I S. 977.

[14] S. dazu § 4 *Landeshaushaltsordnung Berlin* (LHO Berlin) vom 5.10.1978 GVBl. S. 1961.

Bei *Urteilen* bzw. *Entscheidungen* oder *Erlassen* von Gerichten und Behörden ist zunächst die betreffende Institution, auch abgekürzt, zu nennen, z.B. Bundesverfassungsgericht (*BVerfG*), Bundesfinanzhof (*BFH*), sowie das Datum (*'vom ...'*) der Entscheidung bzw. des Erlasses. Oft wird auch noch das Aktenzeichen bzw. die vergebene Nummer angeführt. Schließlich ist noch die Veröffentlichungsquelle anzugeben: entweder als Entscheidungssammlung, oder in einem amtlichen Blatt, wie z.B. dem Bundessteuerblatt (BStBl.), oder auch in der NJW (Neue Juristische Wochenschrift), wiederum mit Seitenverweis[98].

Beispiel:

[15] Vgl. im Einzelnen BVerfGE Beschluss vom 11.03.1997 NJW 1998 S. 219 (220).

Gemeint ist dabei im übrigen der Band Nr. 86 der BVerfG-Entscheidungssammlung (daher oftmals auch nur als 'BVerfGE 86' zitiert), was leicht zu Verwechselungen mit dem Jahr des betreffenden Richterspruches führen kann.

Eine juristische Besonderheit stellen *Kommentare* dar, die es zur Interpretation und Auslegung von Gesetzestexten zahlreich gibt. Sie sind oft von Autorengemeinschaften verfasst, die - unter Fortlassung der Vornamen - in der Nachnamenverknüpfung als gängige Kurztitel kursieren (*'Adler/Düring/Schmaltz'*, *'Küting/Weber'*, *'Tipke/Kruse'* usw.) und auch entsprechend zitiert werden - unter Zusatz der üblichen bibliographischen Angaben (s. oben S. 142 f.). Am Ende wird lediglich statt einer Seitenzahl der betreffende Paragraph sowie die gesondert nummerierte Anmerkung

---

[97] Wegen der verwendeten Kürzel s. S. 169.

[98] Hier wird zunächst wiederum die erste Seite der Quelle genannt. Nimmt man auf eine konkrete Aussage aus einem Urteil Bezug, wird die genaue Seite, auf die sich das Zitat bezieht, in Klammern gesetzt.

(*'Anm.'*), Textziffer (*'Tz.'*) oder Randnummer (*'Rdnr.'*; auch: *'Rdn.'* oder nur: *'Rn.'*) genannt.

Beispiel:

[16] Vgl. Piduch a.a.O. Rn. 6 zu § 13 BHO/LHO.

Sekundärzitate[99]

Grundsätzlich gilt, dass bei Quellenbelegen immer auf das Original zurückzugreifen ist. Übertragungsfehler, verzerrte oder gar entstellte Wiedergaben von Literaturvorlagen kommen - selbst bei wörtlicher Übernahme - häufiger vor, als man im Allgemeinen annehmen möchte. Gerade im Wissenschaftsbereich, in dem es besonders auf Präzision, Objektivität und Zuverlässigkeit ankommt, muss ein derartiges Fehlerpotenzial von vornherein ausgeschlossen werden. Nun wird zwar die Wissenschaft nicht gleich daran zugrunde gehen, wenn sich in Ihre Hausarbeit so ein Übertragungsfehler aus Nachlässigkeit bzw. Bequemlichkeit Ihrerseits eingeschlichen hat. Diplomarbeiten und erst recht Dissertation stehen hier aber ungleich stärker in der Pflicht, ohne dass man dazu gleich auf die medizinische Forschung oder gar den Bereich der Atomphysik zu verweisen braucht, wo solche Fehler unter Umständen weniger harmlose Folgen zeitigen könnten.

Die Wiedergabe eines wörtlichen oder sinngemäßen Zitates nicht nach der Originalquelle, sondern nach einem Sekundärwerk, ist daher nur in begründeten Ausnahmefällen zulässig, und zwar wenn das Originalwerk *objektiv* nicht zugänglich ist bzw. nur mit unverhältnismäßigem Aufwand einzusehen wäre. Ausreden wie: *'Die Bibliotheksöffnungszeiten waren ätzend!'* oder: *'Ich hatte Null Bock, dahin zu fahren!'* u.ä. reichen natürlich nicht aus.

Die Form des Sekundärbeleges erfolgt dabei in der Weise, dass zunächst der Originalautor nebst genauer Literaturquelle zu nennen ist, und im Anschluss daran der Vermerk *'zitiert nach'* mit der entsprechenden Sekundärquelle folgt.

---

[99] S. dazu auch oben S. 138 f.

Beispiel:

[17] *Kosig, H.*, Wanderungsbilanzen, Breslau 1885, S. 3; zitiert nach Milde, F., Statistische Verfahren, Bonn 1988, S. 68.

Abkürzungsmöglichkeiten: bibliographisches Kauderwelsch

Als Grundsatz gilt, dass eine Literaturquelle mit ihren vollständigen bibliographischen Angaben nur einmal genannt zu werden braucht. Dies geschieht entweder im Literaturverzeichnis oder/und an der Stelle im Text, an der das erste Mal auf sie Bezug genommen wird. Bei erneutem Rückgriff auf diese Quelle genügt es dann, lediglich den Autor zu nennen und das Kürzel 'a.a.O.' (= am angegebenen Ort) hinzuzufügen - natürlich nebst Seitenangabe.

Beispiel:

[18] *Müller, M. v.*, a.a.O., S. 25 ff.

[Voraussetzung: Der Titel ist - mit allen erforderlichen Angaben - in einer der Fußnoten 1-16 (also mit Ausnahme der unmittelbar voranstehenden; s. dazu gleich), bereits einmal aufgetaucht, wie hier z.B. in der Beispielsfußnote 5]

Wird dabei eine Person mit verschiedenen Beiträgen herangezogen, so ist auf Eindeutigkeit der Angabe zu achten. Am besten fügt man das Erscheinungsjahr (meist in Klammern) oder ein zentrales Stichwort des Titels hinzu.

Beispiel:

[19] *Erdmann, M.* (2003), a.a.O., S. 145.

Oder:

[19] *Erdmann, M.*, Effizienz, a.a.O., S. 145.

Wird in zwei (oder mehreren) Fußnoten unmittelbar hintereinander auf dieselbe Literaturquelle Bezug genommen, so kann noch kürzer verfahren werden: Man setzt nur noch das Wörtchen *'ebenda'* (oder *'ebd.'*[100]) mit der

[100] Beachten Sie, dass solche Kürzel - genau wie 'vgl.' u.ä. - am Anfang einer Fußnote natürlich groß geschrieben werden!

entsprechenden Seitenangabe. Letztere kann sogar entfallen, wenn es sich um die gleiche Seite wie in der voranstehenden Fußnote handelt.

Beispiel:

[20] *Heinze, K.*, Absatzwirtschaft, Frankfurt/M. 2005, S. 17.

[21] Ebenda, S. 19.

[22] Vgl. ebd.

[Voraussetzung: betrifft ebenfalls S. 19.]

Wird die Reihe durch eine andere Quelle unterbrochen (wie durch die nachfolgende Anm. 23), so ist bei abermaligem Rückgriff auf den betreffenden Autor jetzt (zunächst) wieder der Name mit dem Zusatz 'a.a.O.' zu setzen usw.:

[23] *Blutsaug, H./Gierig, F.*, Profite machen keine Kunst, Hamburg 2003, S. 33.

[24] *Heinze, K.*, a.a.O., S. 19.

Wenn man ein Literaturverzeichnis anfügt

Umfangreichere Ausarbeitungen wie Diplomarbeiten oder Dissertationen, in der Regel aber auch schon Hausarbeiten, müssen am Ende ein Literaturverzeichnis aufweisen, in dem alle benutzten Quellen aus Büchern, Beiträgen in Sammelwerken oder Zeitschriften sowie sonstigen Publikationen, alphabetisch geordnet[101], aufgelistet sind. Bei Literaturverzeichnissen, die sich über mehrere Seiten erstrecken, empfiehlt es sich der besseren Übersichtlichkeit halber, diese etwas zu sortieren, etwa nach ...

- Monographien,
- Aufsätzen in Sammelwerken und Zeitschriften,
- Zeitungen und/oder sonstigen Quellen (z.B. Geschäftsberichte, Broschüren u.ä.) sowie
- Online-Quellen (s. dazu unten) usw.

---

[101] Ist ein Autor mit mehreren Beiträgen vertreten, werden diese chronologisch sortiert.

Die einzelnen Publikationen sind dabei einzeilig und unter Nutzung der gesamten Zeilenbreite zu schreiben, d.h. es sind keine Zeilenumbrüche etwa nach dem Namen und/oder dem Titel, dem Erscheinungsjahr/-ort usw. vorzunehmen. Eine Angabe der konkreten Seiten im Werk, auf die man sich in der Arbeit bezogen hat, entfällt bei der Literaturauflistung. Allerdings ist bei Beiträgen in Zeitschriften oder Sammelwerken die Nennung der Seitenzahlen, über welche sich der Beitrag insgesamt erstreckt, üblich bzw. angebracht. Beispiel:

Frank, G., Zollprobleme, in: Betriebswelt, 34. Jg. (1998), S. 211-234

Hat man aus einem Sammelwerk mehrere Beiträge herangezogen, so sind diese unter dem Namen der betreffenden Autoren jeweils gesondert aufzulisten. Die mehrfache Nennung des (identischen) Sammelwerkes kann man dadurch vermeiden, dass man ab dem zweiten Beitrag nach dem 'in:' und dem/den Namen des/der Herausgeber(s) das bereits bekannte Kürzel 'a.a.O.' anfügt, das sich in diesem Fall auf die weiter oben im Literaturverzeichnis erfolgte Angabe bezieht.

Die Beiträge werden durch einen Absatz voneinander getrennt und sollten, sofern es sich um mehrzeilige Titel handelt, der besseren Übersichtlichkeit halber 'hängend' mit einem Einzug von ca. 0,5-1,5 cm geschrieben werden.

Beispiel: Auszug aus einem Literaturverzeichnis[102] (1)

Auerbach, A. H./Gokhale, J./Kotlikoff, L. J., Generational Accounting. A Meaningful Way to Evaluate Fiscal Policy, Journal of Economic Perspectives, Vol. 8 (1994), S. 73-94

Görgens, E./Ruckriegel, K./Seitz, F., Europäische Geldpolitik. Theorie, Empirie, Praxis, 4. Aufl., Stuttgart 2004

Raffelhüschen, Bernd, Generational Accounting: Method, Data and Limitations, in: Europäische Kommission (*Hrsg.*), Generational Accounting in Europe, European Economy - Reports and Studies No. 6, o.O. 1999

Zimmermann, H./Henke, K.-D., Finanzwissenschaft, 9. Aufl., München 2005

[102] Beachte: Während in diesem Buch Fußnoten regelmäßig mit einem Punkt abgeschlossen werden, enden die Literaturangaben ohne einen solchen.

In Verbindung mit einem solchen Verzeichnis können die einzelnen Quellenverweise von Anbeginn an kürzer ausfallen. Wer es ganz genau machen will, setze vor die erste Fußnote eine 'bibliographische Vorbemerkung', in der die gewählte Abkürzungsform näher erläutert wird.

Im Einzelnen gibt es verschiedene Möglichkeiten. Zum Beispiel kann man die Literaturliste fortlaufend nummerieren und dann als Kurzform lediglich den Autorennamen und die entsprechende Nummer anführen. Wird auf eine Durchnummerierung verzichtet, genügt es auch, nur den Namen zu nennen, natürlich immer ergänzt um die entsprechende Seitenangabe. Wichtig ist, dass aus der gewählten Kurzform unzweideutig hervorgeht, um welches Werk es sich jeweils handelt.

Beispiel:

Im Literaturverzeichnis findet sich die vollständige Angabe eines verwendeten Buches von R. Heine. Wird dieses Werk im Text sinngemäß zitiert, genügt die Kurzform:

[25] Vgl. *Heine*, S. 17 f.

Bei der Verwendung von mehreren Werken derselben Person sind Kurzzusätze wie Erscheinungsjahr oder Titelstichwort notwendig, um Verwechselungen zu vermeiden.

Beispiele:

[26] *Pauli* (1993), S. 34.

[27] Vgl. *Ortig*, 'Beschäftigungspolitik', S. 133 ff.

Die zuerst (Anm. 26) angeführte sog. *amerikanische* oder *Harvard-Variante*, hinter den Namen sogleich in (nicht selten auch eckigen) Klammern das Erscheinungsjahr des Beitrages zu platzieren, zeitweilig auch unter zusätzlicher Einfügung eines zentralen Stichworts des Titels, hat sich im übrigen immer mehr durchgesetzt und wird in manchen Anleitungsbüchern zum wissenschaftlichen Arbeiten bisweilen gar als einzige Form vorgestellt bzw. empfohlen. Hinsichtlich der konkreten Schreibweise sind dabei verschiedene Varianten parallel nebeneinander anzutreffen. Außer der hier präferierten bzw. oben vorgeschlagenen Kurzform für Anm. 26 findet man auch:

[26] *Pauli,* Konjunktur, 1993, S. 34.

[26] *Pauli* (Konjunktur, 1993), S. 34.

[26] *Pauli,* Konjunktur, S. 34.

Werden von einem Autor mehrere Werke aus ein und demselben Jahr zitiert, so muss die Jahresangabe noch durch einen Zusatz wie 'a', 'b' usw. ergänzt werden, um eindeutig zu sein.

Beispiele:

[28] *Kortner* (2001b), S. 214.

[29] Vgl. *ders.* (2001a), S. 71.

Das Verfahren erstreckt sich dann im übrigen auch auf das Literaturverzeichnis, in dem der rascheren Vergleichbarkeit wegen das Erscheinungsjahr ebenfalls gleich hinter dem Namen bzw. Vornamen des Autors in Klammern auftaucht[103] und dafür am Ende hinter dem Erscheinungsort (bzw. bei Periodika dem Jahrgang) nicht noch einmal angeführt zu werden braucht.

Beispiel: Auszug aus einem Literaturverzeichnis (2)

Hartlieb, K., (1999), Währungsprobleme vor dem Hintergrund der Globalisierung der Märkte, Stuttgart

Kortner, H. (2001a), Geld und Börse. Ein Almanach[104], Hamburg

ders.[105] (2001b), Die Rolle der Deutschen Bundesbank im Europäischen System der Zentralbanken (ESZB), in: Zeitschrift für Kreditpolitik, 23. Jg., S. 210-218

Perschau, F. (2002), Stagnation am Arbeitsmarkt. Zahlen und Hintergründe aus der Sicht von Gewerkschaften, Düsseldorf

---

[103] Primäres Ordnungskriterium bleibt gleichwohl die alphabetische Folge der Autorennamen. Akademische Grade bzw. Titel werden - ebenso wie in den Fußnoten - nicht aufgeführt.

[104] Das ist übrigens ein bebildertes Jahrbuch oder auch Kalender.

[105] S. Abkürzungsverzeichnis, unten S. 167.

Abschließend sei noch angemerkt, dass manche Verlage eine etwas andere Form des Quellenverweises präferieren, die sie einheitlich für Ihre Publikationsrubriken einhalten wollen. Sie empfehlen ihren Autoren reine Quellenangaben bzw. kurze Literaturverweise im laufenden Text in (runden) Klammern zu positionieren, und dabei nur den Nachnamen des Autors (sofern nicht unmittelbar vorher im Text bereits erwähnt), das Erscheinungsjahr und gegebenenfalls die Seite anzuführen. Fußnoten sollen in diesem Fall nur gesetzt werden, wenn auf mehr als zwei Veröffentlichungen gleichzeitig hingewiesen wird oder eine ergänzende Anmerkung notwendig ist. Natürlich ist dabei die entsprechende Auflistung aller verwendeten Quellen in einem Literaturverzeichnis vorausgesetzt.

Beispiele:

Die von *McKenzie* (1997b) näher analysierten Modellbedingungen erlauben den Rückschluss ... usw.

Wie z.B. *Freimann* (1998, S. 224 f.) dargelegt hat ... usw.

In der Folgezeit wurden noch weitere Änderungen des Gesetzes vorgenommen, die die Ausräumung gewisser Ungereimtheiten zum Ziele hatten (vgl. *Radcliffe*, 2006, S. 4 ff.; *Kohlhaas/Falter*, 2003, S. 123 f.).

Fazit: Ob man auf diesen - weniger gebräuchlichen - Zitiermodus zurückgreift oder dem hier zuvor empfohlenen Muster folgt, ist letztlich eine Frage des Geschmacks. Als Grundsatz bleibt festzuhalten, dass die Quellenangaben *vollständig*, *eindeutig* und im ganzen Text *einheitlich* ausfallen müssen.

Was alles ist zitierfähig?

Sämtliche Formen von Publikationen sind zitierfähig, wenngleich nicht immer zitierwürdig. So begegnen einem in nahezu allen Gebieten immer wieder Arbeiten, die strengen wissenschaftlichen Ansprüchen nicht genügen. Man erwartet spätestens vom Verfasser einer Diplomarbeit oder Dissertation, dass er sich mit der einschlägigen Literatur vertraut gemacht und dabei genügend Fachverstand und Urteilskraft erworben hat, um eine adäquate Literaturauswahl treffen[106] und weniger seriöses Schrifttum aussondern zu können. Letzteres darf gar nicht erst in der Arbeit auftauchen, es sei denn, man will damit etwas ganz Bestimmtes demonstrieren oder erklären.

Lexika sollten nur in Form anspruchsvoller Fachlexika - oft firmieren sie auch unter der Bezeichnung 'Hand(wörter)buch' - bzw. international renommierter enzyklopädischer Werke (z.B. *Brockhaus Enzyklopädie*) in eine wissenschaftliche Ausarbeitung einfließen. Allgemeine Lexika sind häufig an einen breiteren, nicht fachspezifisch vorgebildeten Leserkreis adressiert, was sich zwangsläufig in einem fachlich relativ niedrigen Anspruchsniveau und entsprechend geringer Detailtiefe niederschlägt. Das lässt sie oftmals als Quellenbeleg für wissenschaftliche Auffassungen, Definitionen oder Aussagen ungeeignet erscheinen. Lexika, Almanache o.ä. mögen beim ersten Einstieg in ein Themengebiet und seine Begrifflichkeiten - zumindest partiell - durchaus eine gute Hilfe darstellen. Wenn man mit der Thematik dann aber näher vertraut ist und die einschlägige Fachliteratur zu Rate gezogen hat, wird man feststellen, dass die lexikalischen Ausführungen doch sehr allgemein und wenig differenziert gehalten sind und daher als Fußnotenbelege kaum in Betracht kommen.

In Ausnahmefällen kann auch aus unveröffentlichten Manuskripten, hektographierten Vorträgen o.ä. zitiert werden. Auf keinen Fall zitierfähig sind aber Mitschriften aus Vorlesungen, Tafelbilder oder ähnliche (unzuverlässige) Quellen.

[106] Nicht alles, was gefunden wurde, muss unbedingt verwendet bzw. in die Arbeit eingebaut werden, zumal viele Quellen im Prinzip die gleichen Argumente liefern.

LEKTION 17:
Zitieren aus dem Internet

Was man früher für eine Anschlagprobe zum Test einer Schreibmaschine gehalten hat, kann sich heute als kostbarer Hinweis auf eine nützliche Internetadresse erweisen!

Sind Online-Publikationen zitierfähig?

Noch heute treten zeitweilig Unsicherheiten bei den Studierenden auf, ob man auch Quellen aus dem Internet in die Arbeit einfügen darf bzw. auf welche Weise dies gegebenenfalls zu geschehen hat.

Natürlich sind auch Online-Publikationen grundsätzlich zitierfähig, wenngleich sich hier sowohl in Bezug auf ihre dauerhafte Überprüfbarkeit als auch hinsichtlich der eindeutigen Lokalisierung manche bisher nicht gekannte Schwierigkeiten auftun. Ebenso wie bei den bisher erläuterten gedruckten Literatur- oder sonstigen Publikationsquellen gilt auch für Rückgriffe auf Online-Veröffentlichungen bzw. bestimmter Teile daraus, dass die Quelle genau angegeben werden und für Außenstehende jederzeit überprüfbar bzw. auffindbar sein muss. Lässt sich das erstere Erfordernis bei Internetquellen meistens noch einigermaßen befriedigend erfüllen, stößt die zweite Anforderung oft auf Schwierigkeiten, da die Quelle nach einiger Zeit nicht mehr verfügbar oder unter einer anderen als der angegebenen Bezeichnung auf einem zentralen Rechner archiviert ist. Ob man sie dann gleichwohl noch mit Hilfe der zahlreichen Suchmaschinen-Dienste findet, dürfte zweifelhaft sein, ganz unabhängig von der Frage, ob solche meist zeit- und nervenaufreibende Suchtätigkeit im Online-Universum vonseiten des Prüfers bzw. Lesers der Arbeit überhaupt abverlangt werden kann.

Form der Quellenangaben

Zitierstandards für das Internet sind bis dato nicht fertig entwickelt und entsprechende Vorschläge oder Usancen befinden sich noch immer im Fluss. Ohne auf Details der Zitierung von Quellen in den unterschiedlichen Internetdiensten eingehen zu wollen, seien hier lediglich einige allgemeine Identifikationserfordernisse angeführt.

Die Art und Weise der konkreten Angabe einer Online-Publikation, aus der man zitieren will, hängt zunächst davon ab, ob es sich um ein reines Online-Erzeugnis handelt oder das Werk zugleich auch in gedruckter bzw. verlegter Form vorhanden ist, die als zusätzliche Dienstleistung auch im Netz verfügbar gestellt wird. Letzteres wird bei vollständigen Büchern - zumindest unentgeltlich - eher selten der Fall sein. Im Bereich der allgemeinen bzw. fachbezogenen Berichterstattung allerdings, z.B. in Form von Zeitschriften oder Zeitungen (alle namhaften Periodika stellen heute ihre aktuellen Ausgaben bzw. ihr Archiv - zumindest gegen Gebühr - auf einem Rechner zur Verfügung) oder sonstiger regelmäßig oder gelegentlich angebotener Informationsdienste, wird das häufig vorkommen. So sind z.B. die Monats- Geschäftsberichte der Deutschen Bundesbank (*www.bundesbank.de*) oder der Europäischen Zentralbank (*www.ecb.int*) ebenso zugreifbar wie, etwa Gesetzesblätter (z.B. *www.bgbl.de*) oder die Erhebungsdaten des Statistischen Bundesamtes (*www.destatis.de*) etc. und nahezu jedes Unternehmen stellt eine Fülle von Informationsmaterial zur Verfügung.

Hat man eine solche Quelle online identifiziert und will daraus zitieren, kann man sie wie die (auch) gedruckt vorliegende Fassung zitieren - mit den bekannten bibliographischen Angaben. Es ist, als ob man sie im (Print-)Original eingesehen hat. Der zusätzliche Hinweis auf die überdies existierende Onlinezugänglichkeit erscheint in diesem Fall grundsätzlich entbehrlich, wenngleich nicht 'verboten'. Will man dies tun, mag das durch den Einschub *'auch Online in Internet'* erfolgen, dem dann die genaue Bezeichnung des Identifizierungspfades folgt.

Beispiel:

Die Finanzpolitik im Euro-Währungsgebiet unter den Bedingungen einer alternden Bevölkerung, in: EZB, Monatsbericht Juli 2000, S. 12; auch Online in Internet: ... (zur Fortsetzung der Angaben s. gleich).

An dieser Stelle erscheint vorweg eine allgemeine *Warnung* angebracht. Wie Erfahrungen hinsichtlich des studentischen Umgangs mit Onlinequellen an den Hochschulen zeigen, glauben viele offenbar, es reiche für eine Hausarbeit oder gar für die Diplomarbeit aus, intensiv im Internet herumzunavigieren und sich auf das dort vorgefundene Material weitgehend zu beschränken, etwa nach dem Motto: *'Was ich da nicht finde, lasse ich eben weg!'* Dabei lässt nicht nur die erwartete systematische Recherche zu wünschen übrig. Zusätzlich wird auch nicht darauf geachtet, ob es sich bei der betreffenden Zugriffsquelle tatsächlich um die primäre oder lediglich um eine Sekundärpräsentation handelt, dessen Original entweder in gedruckter Form oder online, allerdings von *authentischer* Seite vorliegt. Die Originalquelle wird in diesen Fällen weder herangezogen noch eingesehen, geschweige denn als eigentliche Belegquelle angegeben. Daher sei - wie oben beim Sekundärzitat (s. S. 150) - hier nochmals wiederholt: Wird auf eine publizierte Originalquelle über einen fremden Autor oder Online-Anbieter - wörtlich oder sinngemäß - zurückgegriffen, so reicht die Angabe dieser Sekundärquelle wegen nicht auszuschließender Übertragungsfehler und/oder potenzieller Missinterpretationen nicht aus. Die Zuverlässigkeit solcher Sekundärdarstellungen kann nicht als durchgängig gesichert betrachtet werden.

Beispiel (für eine Falschzitierung):

In einer Arbeit werden die Konvergenzkriterien zur Teilnahme an der Europäischen Währungsunion diskutiert, die im sog. Maastricht-Vertrag von 1991/92 nebst beigefügten Protokollen niedergelegt sind. Der Verf. zitiert sie nach der Web-Seite 'Euro-Informationen - Konvergenzkriterien' des Online-Anbieters 'sparkasse-dresden.de' anstatt die Quelle im Original 'nachzuschlagen', was jederzeit möglich wäre.

Die *korrekte Zitierung* müsste vielmehr lauten: "Vgl. Art. 109j, 'Gesetz zum Vertrag vom 7. Febr. 1992 über die Europäische Union', BGBl 1992 II, S.1251", gegebenenfalls noch unter Ergänzung des betreffenden Protokolls. Steht die entsprechende Ausgabe des Bundesgesetzblattes online zur Verfügung, kann man, wie oben erläutert, alternativ auch diese Quelle angeben. Gleiches gilt, wenn der Gesetzeswortlaut von offizieller Seite, z.B. einem Bundesministerium o.ä., ins Netz gestellt worden ist.

Bei *ausschließlichen Online-Publikationen* entfällt der potenzielle Hinweis auf einen 'Erscheinungsort', meist auch die Benennung eines bestimmten Jahrgangs oder Nummer des Periodikums. Desgleichen ist die Nennung einer Seitenzahl kaum angebracht, da diese bei einer Online-Quelle wegen uneinheitlicher Formatstandards nicht eindeutig zu orten wäre.

Es wird also nur der Titel des Beitrages oder der Information, gegebenenfalls nebst Anführung eines Autors, und das Erscheinungsjahr bzw. -datum genannt und unmittelbar im Anschluss daran der Verweis auf die *Online-Adresse* gegeben. Am Anfang der Adressenangabe steht die Abkürzung 'URL' für den *Uniform Resource Locator* als Verweis auf die im Internet verbreitete Form der Kennzeichnung von Daten, bestehend aus dem Protokoll, dem Dienst, dem Ort (welcher Rechner, welches Verzeichnis) sowie dem (weiteren) Pfad bzw. Dateinamen und -format, allgemein also:

URL: <Protokoll>://<Dienst>.<Rechneradresse>/<Pfadbestandteile>.<Dateiformat>

(1) (2) (3) (4) (5)

Beispiel:

URL: http://www.sub.uni-hamburg.de/informationen/rrzindex.html

Nach 'URL' wird, wie man sieht, ein Doppelpunkt und ein Leerzeichen eingeschoben. Als erstes (1) wird dann auf das verwendete Protokoll verwiesen, für wissenschaftliche Zwecke in der Regel das 'http' (= *Hypertext Transfer Protocol*). Dahinter durch einen Doppelpunkt nebst *Doppelschrägstrich* - jetzt immer alles *ohne* Leerzeichen – getrennt, folgt die Nennung des Dienstes (2), meist 'www', dem World-Wide-Web als bekanntesten Internet-Dienst[107], dem sich, getrennt durch einen Punkt, die eigentliche Rechneradresse (3) anschließt. Sie kann, wiederum durch je einen Punkt getrennt, in mehrere 'Subdomänen' unterteilt sein. Am Ende

[107] Häufig findet der Rechner Adressen auch ohne Eingabe des Dienstes 'www' automatisch.
Andere Dienste wie z.B. 'mailto' (für E-Mail-Zitierungen), 'FTP' (File Transfer Protocol) 'Telnet' (eine Möglichkeit der Televernetzung), Gopher (entstanden aus 'go for'; ein Vorläufer des World Wide Web) u.a. werden für die meisten Nutzer nur in Ausnahmefällen in Betracht kommen.

der Adresse steht immer die 'Toplevel-Domain', die entweder *geografisch* nach einem länderkodifizierenden Zwei-Buchstaben-Schlüssel ('de' für Deutschland, 'at' für Österreich usw.) oder *thematisch* nach einem 3-stelligem Code ('com' für *commercial*, 'gov' für *governmental*, 'edu' für *educational* oder 'net' für *network* usw.) gegliedert sind. Das Ende der Rechneradresse markiert dann ein einfacher Schrägstrich, nach dem sich schließlich noch die detaillierten Pfadangaben (4) für die konkrete Lokalisierung des Dokuments anschließen, meist ihrerseits durch (weitere) Schrägstriche untergliedert. Bei der Eingabe dieser nicht selten recht komplizierten Kennzeichnungen ist auf die exakte Reproduktion der Buchstaben-, Ziffern- und Zeichenfolge einschließlich der Berücksichtigung von Groß- und Kleinschreibung zu achten. Am Ende steht, abgetrennt durch einen Punkt, das Dateiformat (5), z.B. 'htm' oder 'html' (für *Hypertext Markup Language*). Vom Verfasser selbst ist schließlich noch - je nach Art des Dokumentes - die Datierung bzw. der Stand der Publikation sowie, sofern nicht identisch, das Zugriffsdatum anzufügen, das meistens in eckige Klammern gesetzt wird. Auf die zusätzliche Angabe einer Uhrzeit kann verzichtet werden.

Beispiele:

Vgl. *Born, K.*, Statistical Interpretation of Quantum Mechanics, 1994; URL: http://www.edu01-net.uk/ffebs/reg-/supplier.html [7.02.2000].

Steueroase Monaco; URL: http://afu-net.de/steuern/oase/monaco.htm [28.01.2000].

Da die Internet-Quellenverweise sich in aller Regel - wie man sieht - nicht auf eine Zeile beschränken, ist ein geeignetes Trennverfahren zu verwenden, das Verwechselungen mit Bindestrichen in der Pfad- bzw. Adressenangabe vermeidet. Offenbar verzichten viele Internet-Anbieter nicht zuletzt aus diesem Grund ganz auf den Gebrauch von Bindestrichen und bedienen sich stattdessen des 'Unterstrichs'. Die Trennung sollte unbedingt vor einem Schrägstrich erfolgen, der ja das Ende des einen bzw. den Beginn des nächsten Subpfades angibt, und die getrennte Zeile mit einem angefügten Trennstrich enden. Dass es sich um einen solchen handelt, ist insofern evident, als ein Schrägstrich niemals unmittelbar auf einen Bindestrich folgen würde. Da Online-Adressen grundsätzlich ohne Leerzeichen geschrieben werden, könnte der Bindestrich im Grunde auch entfallen, da es eingängig ist, einfach mit den jeweiligen Zeichen der nächsten Zeile fortzufahren.

Wenn auch die URL-Angabe in der hier beschriebenen Weise weltweit als eindeutige Quellenbezeichnung anerkannt ist, heißt das noch nicht, dass der URL-Standard selbst keinen Veränderungen unterliegen könnte. Für diesen Fall würde die ursprüngliche Notation nicht mehr eindeutig und die Quelle damit unter Umständen unauffindbar sein. Hier wird international noch an einer Lösung gearbeitet, um einen 'URN'-Standard (*Uniform Resource Name*) zu entwickeln, der auch bei Änderungen des URL verbindlich bleibt. Dies soll eine Datenbank leisten, die neben einem URN auch den entsprechenden URL abspeichert. Somit hat auch das Internet sein Müllproblem. Solange die Frage der smogsicheren Endlagerung des Infomülls nicht geklärt ist, verlangen einige Hochschulen - nicht zu Unrecht - bei Onlinequellen mit ungewissem Haltbarkeitsdatum grundsätzlich die Beifügung einer Kopie, sei es in ausgedruckter Form, sei es - bei allzu umfangreichen Vorlagen - in Form der 'runtergeladenen' Datei auf einer Diskette oder CD-ROM.

Das Phänomen des digitalen Plagiarismus

Für manch eine(n) scheint es nahe zu liegen bzw. allzu verführerisch zu sein, die vielfältigen Internetressourcen zu identischen oder verwandten Themen in - sagen wir es vorsichtig - plagiatorischer Fahrlässigkeit auszugsweise oder auch (nahezu) vollständig in bzw. für die eigene Arbeit zu 'adoptieren', ohne dies entsprechend kenntlich zu machen. Da werden, wie die Erfahrung zeigt[108], ganze Werke schlicht 'abgekupfert' oder aus zahlreichen 'Einzelplagiaten' ein neues Gesamtkunstwerk 'zusammengepatcht'. Mit Hilfe der Kopie- und/oder Scan-Funktionen stellt das – nach

[108] Viele Hochschullehrer können da ein Lied drüber singen und haben schon seit einiger Zeit Initiativen dagegen initiiert und Erfahrungen ausgetauscht. Nicht zu Unrecht wird vorgeschlagen, entsprechende Betrugsversuche schärfer als bisher - möglichst auch überregional – zu verfolgen und zu ahnden. Zu denken wäre bei nachgewiesenem Verstoß dabei etwa neben der Nichtan- bzw. Aberkennung des Leistungsnachweises an einen entsprechenden Matrikelnummer-Zusatz, der künftig auch Kollegen vorwarnt. Handelt es sich gar um eine Diplom- bzw. vergleichbare Abschlussarbeit, führt das natürlich - auch rückwirkend noch - zur Aberkennung des betreffenden Abschlusses und des damit verbundenen akademischen Grades. Seien Sie also auf der Hut!

kurzer Zurechtformatierung – heute kein Problem dar. Der Eigenbeitrag des Studierenden beschränkt sich dabei neben der erforderlichen Layoutumformatierung nicht selten allein auf den Austausch zweier Wörter, nämlich Vor- und Zuname des Autors gegen seine eigenen. Für die Korrigierenden sind solche Schwindeleien auf den ersten Blick kaum zu erkennen und nur bei relativ penibler Nachforschung aufzudecken bzw. nachzuweisen. Allerdings rüstet die Hochschulseite hier - ebenfalls mit Hilfe des Internet - ihrerseits auf und verfügt zunehmend über entsprechend qualifizierte bzw. spezialisierte Fachkräfte für derartige Gegenrecherchen, auf die bei Verdachtsfällen zurückgegriffen werden kann.

LEKTION 18: Abkürzungen, Tabellen, Abbildungen, Anhang

Irren ist menschlich - aber wenn du den Radiergummi vor dem Bleistift aufbrauchst, übertreibst du es!

J. Jenkins

'Jeht jwd?'[109]

Es dürfen grundsätzlich nur allgemein bekannte bzw. anerkannte Abkürzungen verwendet werden. Will man Begriffe, die im Text häufiger vorkommen, durch Abkürzungen ersetzen[110], so erläutere man sie am besten jeweils unmittelbar nach ihrer erstmaligen Erwähnung.

Beispiel:

In Ihrer Arbeit kommt öfter der Begriff *'Sachverständigenrat zur Begutachtung der wirtschaftlichen Entwicklung'* vor und Sie wollen ihn durch das Kürzel *'SVR'* ersetzen. Fügen Sie in diesem Falle unmittelbar nach der Ersterwähnung des Gremiums mit seinem ausführlichen Namen die Klammer '(im Folgenden 'SVR' abgekürzt)' ein. Auch der bloße Klammerzusatz '(SVR)' mag ausreichen.

Wollen Sie zahlreiche solcher Abkürzungen einführen, so erscheint es zweckmäßig, diese in einem Abkürzungsverzeichnis zusammenzustellen, auf das in dem Gliederungs- bzw. Inhaltsverzeichnis mit Seitenangabe verwiesen wird. Es trägt keine gesonderte Rangziffer bzw. Gliederungsbuchstaben. Ob man es vorne oder hinten platziert, ist Geschmackssache. Meistens ist es allerdings am Anfang zu finden.

---

[109] Für Nicht-Berlin-Brandenburger: *'janz weit draußen'*!

[110] Wiederum im Grunde ein Relikt aus den guten alten Schreibmaschinen- bzw. Drucksatzzeiten, als man auf diese Weise Schreib- bzw. Setzarbeit sparen wollte. Im Zeitalter des PC mit Textverarbeitung lassen sich solche Kürzel über einen einfachen Kopier- bzw. Suchen-Ersetzen-Befehl mit der ausgeschriebenen Version beliebig austauschen. Gleichwohl würde die häufige Wiederholung überlanger Begriffsprägungen unschön aussehen.

Die Prägelust für Abkürzungen treibt immer neue Blüten. Es gibt hierfür sogar eigenständige Lexika, die mit der Entwicklung der Abkürzungsneuschöpfungen Schritt zu halten versuchen[111]. Eine Zentralstelle für anerkannte Abkürzungen wird seit Jahrzehnten vergeblich gefordert. Täglich entstehen neue Kürzel und manche werden sogar, wenn sie leicht von den Lippen gehen, wie ein selbständiges Wort gebraucht: Hapag, Buga, Ufo, Unesco, OPAC usw. Man spricht von sog. *Akronymen.*

Wir wollen uns an dieser Stelle jedoch nicht mit dem Problem der Abkürzungen im Allgemeinen beschäftigen, sondern nur die für Quellenverweise beim wissenschaftlichen Arbeiten bzw. Zitieren von Literatur relevanten vorstellen. Da die Wissenschaftssprache dem Lateinischen in langer Tradition verbunden ist, tauchen oftmals noch Terme auf, die dieser Sprache entstammen. Für die meisten von ihnen sind inzwischen deutsche Pendants kreiert worden. Dennoch seien einige der lateinischen Kürzel in der folgenden Liste, bei der es sich um eine Auswahl ohne Anspruch auf Vollständigkeit handelt, noch (kursiv) aufgeführt, da sie hin und wieder doch noch vorkommen.

Übersicht über gängige bibliographische Abkürzungen

a.a.O. (auch: aaO)	am angegebenen Ort
Abb.	Abbildung(en)
Abt.	Abteilung
Anh.	Anhang
Anm.	Anmerkung(en)
Arch.	Archiv
Art.	Artikel
Aufl.	Auflage
Ausg.	Ausgabe
Bd. (Pl.: Bde.)	Band (Pl.: Bände)
bearb.	bearbeitet

[111] Als Klassiker auf diesem Gebiet gilt der 6-bändige 'Schinken' von *Wennrich, P./Spillner, P.*, International encyclopedia of abbrevations and acronyms of organizations. Part I, Vol 1-6: Abbrevations and Acronyms; Part II, Vol. 7-10: Organizations and Institutions, 3rd ed., München u.a. 1990 ff.

cf.	confer (= vergleiche)
ders.	derselbe (Autor)
dies.	dieselbe(n)
ebd.	ebenda, an gleicher Stelle
ed.	[lat.:] *edidit* bzw. *ediderunt*, [engl.:] edited, edition (= hrsg.)
ersch.	erschienen
erw.	erweitert
et al.	*et alii* (= und andere)
etc.	*et cetera* (= usw.)
f. (Pl.: ff.)	die (Pl.: fort-)folgende(n), Seite(n)
Fußn. (auch: FN)	Fußnote
H.	Heft
Hrsg. oder Hg.	Herausgeber
hrsg. oder hg.	herausgegeben
Hervorh.	Hervorhebung(en)
ibid.	*ibidem* (= ebenda)
i.d.F.	in der Fassung
i.e.	*id est* (= d.h.)
insbes.	insbesondere
i. Verb. mit	in Verbindung mit
Jb.	Jahrbuch
Jg.	Jahrgang
Jh.	Jahrhundert
J.	Journal sowie: Jahr
Kap.	Kapitel
loc. cit.	*loco citato* (= a.a.O.)
Nachw.	Nachwort
N.F. / N.R.	Neue Folge / Neue Reihe
Nr. / No.	Nummer / Numero
o.J.	ohne Jahr(esangabe)
o.O.	ohne Ort(sangabe)

op. cit.	*opere citato* (= bereits zitiertes Werk; vergleichbar: a.a.O.)
o.V. oder: o. Verf.	ohne Verfasser(angabe)
p. (Pl.: pp.[112])	page(s) (= Seite[n]);
passim	'hier und dort': an mehreren Stellen im angegebenen Werk
Pl.	Plural (Mehrzahl)
pref.	preface (= Vorwort)
publ.	published (= publiziert)
Rdnr. (auch: Rnr. oder Rn.)	Randnummer (jurist.)
rev.	revidiert, revised
s.	siehe
S.	Seite; auch: Satz (jurist.)
s.a.	*sine anno* (= o.J.)
s.l.	*sine loco* (= o.O.)
s.o.	siehe oben
s.u.	siehe unten
Sp.	Spalte
trad.	traduction, traduit (= Übersetzung; übersetzt)
transl.	translation, translated (= Übersetzung; übersetzt)
Tz.	Textziffer (jurist.)
Übers. / übers.	Übersetzer / übersetzt
Verf. / verf.	Verfasser / verfasst
Verl. / verl.	Verlag / verlegt
Verz.	Verzeichnis
vgl.	vergleiche
vol. (Pl.: vols.)	volume(s) (= Band/Bände)
Vorw.	Vorwort
Z.	Zeile

---

[112] Steht auch für *'perge, perge!'* ('fahre fort!', und so weiter; Berühmte Diktatformel: *'et cetera pp.'*)

Ziff.	Ziffer
Zs., Zt.,	Zeitschrift

Übrigens:

sic	ist keine Abkürzung, sondern bedeutet *'genau so!' (Gemeint: so* steht oder heißt es im Original tatsächlich!)

Diese allgemein eingeführten Abkürzungen brauchen nicht mehr in das individuelle Verzeichnis aufgenommen zu werden, erst recht nicht die umgangsprachlich üblichen, wie z.B. 'etc.', 'u.a.', 'usw.'

Beispiel für ein individuelles Abkürzungsverzeichnis

BGBl.	Bundesgesetzblatt
BVerfG	Bundesverfassungsgericht
BFH	Bundesfinanzhof
BHO	Bundeshaushaltsordnung
GVBl.	Gesetz- und Verordnungsblatt
LHO	Landeshaushaltsordnung
EBA	European Banking Association
DSGV	Deutscher Sparkassen- und Giroverband
BdB	Bundesverband deutscher Banken
EZB	Europäische Zentralbank
IBAN	International Banking Account Number
AER	American Economic Review
ZfB	Zeitschrift für Betriebswirtschaft
WiSt	Wirtschaftswissenschaftliches Studium
WISU	Das Wirtschaftsstudium
HGrG	Haushaltsgrundsätzegesetz
StabWG	Gesetz zur Förderung der Stabilität und des Wachstums der Wirtschaft

Tabellen und Abbildungen

Kommen im Text zahlreiche Tabellen oder Schaubilder vor, wird empfohlen, diese jeweils zu nummerieren und am Anfang der Arbeit nach dem Inhaltsverzeichnis bzw. der Gliederung in einer Übersicht zusammen zu stellen. Jede Tabelle oder Abbildung hat zusätzlich eine Überschrift bzw. einen Titel zu tragen, der den Inhalt des tabellarischen Materials bzw. den Gegenstand des Schaubildes zum Ausdruck bringt. Tabellen und Schaubilder dürfen nicht einfach unkommentiert zwischengefügt werden, sondern sind im Text - unter Bezugnahme auf Nummer und Überschrift - explizit aufzugreifen und näher zu erläutern. Entstammen sie fremden Quellen, so erfolgt der entsprechende Verweis hierzu nicht in Form einer Anmerkung in der Fußzeile der Textseite, sondern unmittelbar unterhalb der Tabelle bzw. Abbildung. Enthalten sie selbst erläuternde Anmerkungen, so sind sie - natürlich - ebenfalls zu übernehmen und noch vor den Quellenverweis zu positionieren. Um sie von den laufenden Anmerkungen des normalen Fließtextes abzusetzen bzw. zu unterscheiden, werden als Fußnotenzeichen oft nur Sternchen ('*', '**', '***') oder kleine Kreise ('°)', '°°)') - mit oder ohne Klammer dahinter - u.ä. gewählt.

Verweist die Tabelle oder Abbildung ihrerseits auf eine Quelle, handelt es sich also um eine Sekundärwiedergabe, ist analog zum Sekundärzitat zu verfahren (s. oben S. 150).

Haben Sie ein Schaubild oder eine Tabellenübersicht nur teilweise aus fremder Vorlage übernommen und durch eigene Darstellungen, Ausführungen, Berechnungen o.ä. ergänzt bzw. verändert, so ist darauf in der Quellenangabe auf angemessene Weise unbedingt aufmerksam zu machen. Je nach Art Ihres 'Eingriffs' könnte der entsprechende Einschub bzw. Hinweis z.B. lauten:

> *'In Anlehnung an xy ...'*
>
> *'... sowie eigene Berechnungen des Verf.'*
>
> *'... unter Ergänzung der Daten für 2005 und 2006 aus: Monatsberichte der Deutschen Bundesbank, 58. Jg. (2006), Nr. 6, S. ...'*

Wichtig ist, dass dabei die Grenze zwischen dem jeweiligen Eigen- und dem Fremdanteil so deutlich wie möglich wird.

Verzeichnisse von Tabellen und Abbildungen sehen formal so aus, dass jeweils in numerischer Reihenfolge die (textgleichen) Titel der einzelnen Übersichten aufgelistet werden. Sie werden einzeilig geschrieben und - wie beim Inhaltsverzeichnis - so gesetzt, dass sie nicht die ganze Zeile füllen, sondern in ausreichender Distanz vor der anzuführenden Seitenangabe aufhören bzw. 'umbrechen'. Untereinander sind sie durch einen angemessenen Absatzabstand zu trennen.

Beispiel: Auszug aus einem Tabellenverzeichnis

Beispiel: Auszug aus einem Abbildungsverzeichnis

Verwenden Sie in Ihrer Arbeit zahlreiche *Symbole*, sei es, weil häufig formale Darstellungen bevorzugt werden (Beispiel: $q^d_j = f\,[p_n; p_1, p_2 \ldots p_{n-1}; y_j; w_j; u]$ als Version der Nachfragefunktion und ihrer Determinanten), sei es, dass auf Darlegungen anderer Autoren zurückgegriffen wird, die selbst viele Symbole enthalten, so sind diese neben ihrer unmittelbaren Erläuterung im Textteil zusätzlich in einem gesonderten Symbolverzeichnis am Ende oder Anfang der Arbeit zusammenzustellen.

Braucht man einen Anhang?

Zunächst ist von dem Grundsatz auszugehen, dass alles Material, das für den Argumentationsgang einer Arbeit als erforderlich erachtet wird, auch in den laufenden Text in angemessenem Umfang einzuarbeiten ist. Zusätzliches Anschauungs- oder Erläuterungsmaterial, das für den Nachvollzug der Gedankengänge im Prinzip entbehrlich ist, sollte auch nicht beigefügt werden.

Eine Ausnahme können jedoch solche Fälle bilden, wo Unterlagen als Quellen beiliegen, die anderweitig nicht zugänglich wären und/oder zu umfangreich sind, um vollständig in den Text integriert zu werden, auf die gleichwohl aber nicht verzichtet werden kann. Als Beispiel seien etwa Arbeiten genannt, bei denen Interviews durchgeführt und ausgewertet werden (wie z.B. beim Psychologie-Abschluss üblich), die dann als 'transskribierte Protokolle' nebst Tonbandaufzeichnung beigefügt werden. Auch wenn umfangreiches Tabellenmaterial erstellt wurde, das als Einzelbeleg für im Text komprimiert vorgetragene Ergebnisse grundlegend ist, erscheint deren Anlage notwendig und sinnvoll. Auch nicht veröffentlichte Richtlinien, Betriebsanordnungen, technische Dokumente o.ä., auf die in der Arbeit explizit Bezug genommen wird, können als Anlage ebenso in Betracht kommen wie mathematische Anhänge für komplizierte Beweisführungen wichtiger, im laufenden Text vorkommender Formeln und Ergebnisse.

Werden - nach strenger Prüfung - solche Anhänge als unabdingbar betrachtet, dann sind sie wie Tabellen oder Schaubilder mit einer laufenden Nummer und Überschrift zu versehen und in einem Anhangs- bzw. Anlagenverzeichnis nach entsprechendem Muster (inklusive Seitenangabe) zu erstellen. Die Paginierung des Anhangs erfolgt im Anschluss an den Text fortlaufend weiter. Gehen die Anlagen auf fremde Quellen zurück, ist (natürlich) ein entsprechender Verweis erforderlich.

LEKTION 19: Referat, Thesenpapier, Protokoll

"Allein der Vortrag macht des Redners Glück"
Wagner in Goethe's Faust

"... - und des Zuhörers Unglück!"
Seminarteilnehmer

Was unterscheidet Referate von Hausarbeiten?

Referate oder Präsentationen sind mündliche Vorträge. Sie spielen im Hochschulbereich vor allem bei seminaristischem Unterricht eine Rolle. Da sie hier zugleich die Funktion von Prüfungsleistungen einnehmen, sind sie in ihrer - je nach Prüfungsanforderungen mehr oder weniger - vollständigen schriftlichen Ausarbeitung vorzulegen.

In Bezug auf die inhaltlichen Ansprüche sowie die Wissenschaftlichkeit der Ausführungen sind grundsätzlich die gleichen Maßstäbe anzulegen wie bei Haus- oder Diplomarbeiten. Was Referate von diesen lediglich unterscheidet, ist eben ihr mündlicher Vortrag. Von diesem wird erwartet, dass er grundsätzlich in freier Rede erfolgt und in den Formulierungen insgesamt 'lebendiger' und anschaulicher ausfällt als bei bloß schriftlicher Ausarbeitung des Stoffes, was jedoch nicht etwa zu Lasten des wissenschaftlichen Niveaus geschehen darf.

Der Vortrag selbst erweist sich für die meisten Studenten allerdings als hohe emotionale Hürde: Fällt es vielen im Allgemeinen ohnehin schon schwer, in einer Veranstaltung überhaupt das Wort zu ergreifen, versetzt der Umstand, gar referieren zu müssen, nicht wenige in geradezu panische Angstzustände. Vor anderen, persönlich nicht bzw. nur flüchtig bekannten Kommilitonen sowie dem Dozenten einen Fachvortrag halten zu sollen bzw. dazu 'verurteilt' zu sein, lässt ihnen das Herz in die Hose rutschen. Die Furcht davor, sich zu blamieren, ins Stocken zu geraten oder sich Fragen ausgesetzt zu sehen, die man unter Umständen nicht beantworten kann, dazu die Anonymität des Auditoriums - all das produziert höchstes Lampenfieber[113]. Zu allem Überfluss gesellen sich meist auch noch sicht- oder hörbare Zeichen der großen Erregtheit hinzu: hektische Flecken am Hals und im Gesicht, zittrige Hände und/oder Stimme, Schweißperlen auf der Stirn ... peinlich! Das beste und leider auch einzige Mittel zur Verhinderung oder zumindest Abmilderung solch potenzieller Panikzustände besteht darin, sich so gründlich wie möglich vorzubereiten. In aller Regel legt sich die innere Aufgeregtheit bereits nach wenigen Minuten und weicht langsam einer zunehmenden Selbstsicherheit.

Ein wichtiger Rat: Versuchen Sie sich wegen all dieser latenten Ängste aber nicht etwa vor der Übernahme von Referaten zu drücken. Mündlichen (Abschluss-)Prüfungen, die solchen Referatsituationen durchaus ähnlich sind, werden Sie ohnehin nicht ausweichen können und auch später im Beruf warten gleichfalls Vortrags- bzw. Berichtsverpflichtungen auf Sie. Wenn Sie im Laufe des Studiums bereits gewisse Referatserfahrung gesammelt, Ihre Ausdrucks- und Diskussionsfertigkeit geschult und gelernt haben, mit den beschriebenen Ängsten 'irgendwie' umzugehen, verschafft Ihnen das für künftige vergleichbare Situationen immense Vorteile.

Wie sieht meine Referatvorlage aus?

Die vollständige schriftliche Ausarbeitung des Referates sollte man zweckmäßigerweise nicht als Vortragsvorlage benutzen: sie wird den Blick immer wieder auf ihre wohl ausformulierten bzw. komprimierten Sätze ziehen, was in der Regel dazu führt, dass sie mehr oder weniger wörtlich verlesen werden. Solch indirektes Ablesen des Manuskripts führt gewöhnlich zu einer monotonen, punkt- und kommalosen Frontalbeschallung, die es unbedingt zu verhindern gilt. Nur äußerst Geübte, wie z.B. die meisten Bundestagsredner, beherrschen diese freie 'Manuskript-Ablese-Technik' nahezu perfekt.

---

[113] Wen es tröstet: Selbst routinierte Schauspieler berichten, dass Lampenfieber vor jedem Auftritt zum Alltag gehöre und auch manchem Professor geht es da nicht anders.

Besser ist es, sich auf einem gesonderten Blatt oder Karteikarten nur Stichworte bzw. zentrale Begriffe, ausnahmsweise auch vollständige Sätze, die einer wörtlichen Wiedergabe wert erscheinen, zu notieren und dann entlang dieser Vorlage zu referieren, 'wie einem der Schnabel gewachsen ist'.

Hat man einmal den Faden verloren, schaden längere Überlegungspausen ebenso wenig wie Blättern im Konzept, um sich wieder zurechtzufinden. Manches, was man gerade sagen oder demonstrieren wollte und jetzt - eventuell vor Aufgeregtheit - nicht sogleich findet, lässt sich auch später noch nachtragen.

Will man trotzdem die vollständige schriftliche Ausarbeitung als Grundlage nehmen, so ist diese wenigstens für Referatzwecke aufzubereiten. Hierzu bieten sich vor allem zwei Möglichkeiten an:

- Die eine besteht darin, die Vorlage in eine optisch übersichtlichere Form zu bringen, d.h. mit einer großzügigeren Raumeinteilung wie größerem Schriftbild, breiterem Rand, häufigeren Absatzbildungen usw. zu versehen. Zusätzlich eignen sich auch Kurzaussagen am Rand (sog. Marginalien)[114], sei es als Stichworte, sei es als Kurzfassung des Absatz- oder Kapitelinhalts usw.[115] Markiert man das Ganze abschließend - wohlgemerkt: sparsam - mit Farbmarkern oder Unterstreichungen bzw. Hervorhebungen, so braucht sich der Blick in die Unterlagen nur noch entlang der hervorgehobenen Passagen zu orientieren und erlaubt bzw. erzwingt auf diese Weise sogar die freie Formulierung des Textes. Bleibt man einmal stecken, kann man eine Pause machen und sich den Satz oder Gedanken im Kontext nochmals vergegenwärtigen. Allerdings erfordert diese Technik - das sei zugestanden - bereits eine gewisse sprachliche Souveränität bzw. einige Übung beim Vortrag, die Studenten in der Regel erst erlernen müssen.
- Die andere Möglichkeit besteht darin, eine Kurzfassung des Textes, sozusagen ein 'Selbst-Exzerpt' zu erstellen. Auch hier empfiehlt es sich, großzügig mit dem Raum umzugehen und keine ausformulierten

114 Im Layoutjargon auch als 'eyecatcher' bekannt!

115 Dass solche Marginalien mit Hilfe computergesteuerter Textverarbeitung im Handumdrehen zu erledigen sind, darf der Leser vermuten, so dass wir uns - auch künftig - weitere Hinweise auf die Möglichkeiten des PC-Einsatzes ersparen können.

ganzen Sätze zu bilden. Diagramme, Schemata, Übersichten u.ä. erweisen sich dabei als geeignete Orientierungshilfen. Sie lassen sich besser überschauen und gegebenenfalls auch als Tafelbilder reproduzieren. (Überhaupt hilft es den Zuhörern, wenn hin und wieder ein Schaubild oder eine modellhafte Zusammenfassung des vorgetragenen Stoffes an die Tafel geschrieben oder an die Wand projiziert wird. Dies gewährt Zeit zum Rekapitulieren des Gehörten.) Auf Basis solcher Kurzfassung lässt sich dann in weitgehend freier Rede referieren.

Fessle mich!

Der Vortrag sollte, das sei noch einmal wiederholt, lebendig wirken und sich nicht strikt an die ausgefeilte schriftliche Vorlage halten. Stures Ablesen gilt als Todsünde und lässt jede Seminarsitzung zur ineffektiven Pflichtübung verkommen.

Es gilt, allzu komprimierte oder komplizierte Sätze zu vermeiden, die dem - inhaltlich meist unvorbereiteten - Zuhörer höchste Konzentration und Aufmerksamkeit abverlangen würden. Kurze und klare Sätze, einfache Beispiele und/oder Hinweise sind hier noch mehr gefordert als bei Hausarbeiten, bei welchen der Leser ja nach Bedarf innehalten und zurückblättern kann. Als Ersatz für diese beim Referat fehlende Möglichkeit sollten unbedingt häufiger kleine Sprechpausen eingelegt werden, damit sich der Stoff beim Zuhörer setzen und er, ebenso wie der Referent selbst, zwischendurch einmal Luft holen kann.

Auch erscheint es geboten, zu Beginn des Vortrags eine Gliederung und Grobstrukturierung des folgenden Referats zu entwerfen, besser sogar noch schriftlich auszuteilen. Während der Ausführungen sind von Zeit zu Zeit Zusammenfassungen einzufügen, Zwischenresümees zu ziehen sowie Einordnungen der gerade vorgetragenen Argumente in den Kontext vorzunehmen. Jeder Zuhörer schaltet - selbst bei einem interessanten Referat - zwischendurch einmal ab und kann darüber leicht den roten Faden verloren oder ein wichtiges Argument nicht mitbekommen haben.

Das Sprechtempo sollte dem Schwierigkeitsgrad der Ausführungen angepasst sein. Zudem ist es wichtig, über Betonungen, Stimmhebungen und -senkungen sowie den Einsatz gestischer Mittel (Minenspiel, Handbewegungen u.a.m.) einer monotonen Vortragsweise vorzubeugen. Auch hier macht allerdings erst einige Übung den Meister. Entscheidend ist, dass der Vortrag persönlich, ja menschlich wirkt. Ein paar Fehler oder Unsicherheiten schaden überhaupt nichts. Man kann die Dinge in der anschließenden Diskussion immer noch richtig stellen.

Eine ungleich stärkere Rolle als bei (bloß) schriftlicher Ausarbeitung spielt die Einleitung bzw. der Anfang des Referats. Hier gilt es besonders, die Aufmerksamkeit der Zuhörer zu gewinnen. Dies lässt sich etwa durch eine paradox klingende oder auch provokante Eingangsthese, durch eine rhetorische Frage, eine humorvolle Anekdote, die mit dem Thema in irgendeinem Zusammenhang steht, oder über sonstige Überraschungseffekte erreichen. Aber auch der übrige Vortrag sollte Würze haben und ausreichend Diskussionsstoff bieten. Er darf en détail ruhig ein bisschen witzig, außergewöhnlich oder 'pfiffig' sein. Wenn es Ihnen gelingt, die Zuhörer zu fesseln, haben Sie gewonnen.

Nicht zuletzt ist darauf zu achten, dass der Referent Blickkontakt mit den Zuhörern herstellt bzw. hält. So darf er z.B. nicht etwa ständig in Richtung Fenster oder einfach in die Luft schauen. Auch eine sture Fixierung auf den Dozenten, als ob ausschließlich ihm das Referat gelte bzw. nur er im Raume anwesend wäre, ist fehl am Platz. Verständnisvolle Blicke, bestätigendes Kopfnicken o.ä. seitens der Zuhörer signalisieren, dass sie dem Vortrag folgen können und die Ausführungen verstehen. Unsichere, ausweichende Blicke, Stirnrunzeln, häufigeres Tuscheln mit den Nachbarn sind dagegen in aller Regel Ausdruck für mangelndes Verständnis und sollten als Zeichen verstanden werden, dass man offenbar über die Köpfe hinweg redet. In diesem Falle erscheint es geboten, eine Zäsur einzulegen und den Zuhörern die Möglichkeit für Fragen einzuräumen. Sollte bei diesen der Verständnisfaden allerdings ganz gerissen sein, was sich häufig schlicht darin äußert, dass niemand etwas zu fragen weiß, füge man eine kurze Zusammenfassung der bisherigen Ausführungen sowie einen Überblick über den aktuellen inhaltlichen Standort bzw. eine Einordnung in den gesamten Kontext dazwischen. In extremen Fällen schreibe man die zentralen Topoi stichwortartig an die Tafel bzw. verweise - sofern verteilt - auf die entsprechenden Punkte des Thesenpapiers. Auf jeden Fall nutzt es selbst bei bester Rhetorik nichts, einfach fortzufahren und darauf zu hoffen, dass die Zuhörer allmählich wieder zuschalten.

Stehen optische Hilfsmittel wie Tafeln, Karten, (Overhead-)Projektoren, Beamer u.ä. zur Verfügung, sollten sie auch genutzt werden, um den

Vortrag mit Schaubildern und Graphiken, Übersichten, Zusammenfassungen, Gliederungsansichten u.a. zu ergänzen bzw. aufzulockern. Den vielfältigen Einsatz- bzw. Verwendungsmöglichkeiten der 'PowerPoint'-Software sind hier kaum Grenzen gesetzt.

Die meisten Zuhörer sind für derartige Strukturierungshilfen äußerst dankbar. Aber achten Sie darauf, dass alle Bilder, Folien gut erkennbar bzw. lesbar sind (scharfe Projektion, nicht zu klein usw.) und für eine angemessene Dauer eingeblendet bleiben. Die Teilnehmer müssen genügend Zeit haben, die Abbildung zu erfassen und zu verstehen. Unklare, halbfertige oder hektisch hingeworfene Schaubilder oder, wie das in praxi häufiger zu konstatieren ist, allzu rasch 'durchgezogene' PowerPoint-Folien stiften mehr Verwirrung als sie nutzen.

Zusätzlich empfiehlt es sich, den Zuhörern ein Thesen- oder Übersichtsblatt an die Hand zu geben, in dem die wesentlichen Punkte des Referats festgehalten sind. So können sie es besser verfolgen und verstehen.

'Du darfst über alles reden, nur nicht über 40 Minuten!'[116]

Literaturquellen werden in Referaten nicht detailliert angeführt. Man liest Fußnoten sozusagen nicht mit - zumindest nicht vollständig. Zwar wird der (sinngemäß oder wörtlich) zitierte Autor benannt, gegebenenfalls noch das zugehörige Werk, aber niemals mit Seitenangabe oder Erscheinungsort und -jahr des Buches. Solche Feinheiten können auf Wunsch nach dem Vortrag bzw. während der anschließenden Diskussion nachgereicht werden. Die zentralen Literaturgrundlagen kann man im Thesenpapier (vgl. dazu gleich noch unten) anführen oder schreibe sie an die Tafel, dann allerdings mit allen erforderlichen bibliographischen Angaben.

Schließlich sei noch darauf verwiesen, dass die vorgesehene Vortragszeit unbedingt einzuhalten ist. Überziehung ist ebenso zu vermeiden wie (allzu große) Unterschreitung. Zeichnet sich der erstere Fall ab, sind die Ausführungen spontan zu kürzen. Es bleibt immer noch die Möglichkeit, manches in der Diskussion nachzutragen. Für den anderen Fall, dass einem die Zeit zu lang wird, sind - schon vorbereitete - Ergänzungen einzufügen. So können etwa zusätzliche Aspekte angeführt und/oder weitere

---

[116] Dieses Bonmot wird *Kurt Tucholsky* zugesprochen.

Beispiele hinzugefügt werden[117]. Im Hinblick auf eine effektive Zeitplanung erweist es sich als nützlich, das Referat mindestens einmal im vorhinein zu 'halten', indem man es sich selbst oder jemandem anderen laut vorträgt bzw. es auf Tonband aufzeichnet. Dadurch lassen sich außerdem rasch die Stellen ausfindig machen, an denen noch Unsicherheit besteht oder die Gedankenführung unklar ist. Auch die Angst vor der freien Rede wird durch diese Vorübung tendenziell etwas vermindert.

Zusammengefasst: Sieben Tipps für einen lebendigen Vortrag

1. Begrüßen Sie zunächst Ihre Zuhörer und stellen Sie sich kurz vor! Ein paar Vorbemerkungen zur Entstehungsgeschichte des Vortrags bzw. des Themas erscheinen nicht unangebracht und lockern die Atmosphäre erst einmal etwas auf bzw. gestalten sie persönlicher.

2. Der Einstieg in die eigentliche Thematik ist wichtig! Vermeiden Sie eine trockene, allzu sachliche Einleitung. Setzen Sie stattdessen ein aktuelles Ereignis, ein persönliches Erlebnis, eine humorvolle oder rhetorische Frage, eine provokante These an den Anfang. Auch ein (berühmtes) Zitat oder eine Anekdote, die zum Thema passen bzw. als Heranführung geeignet erscheinen, könnten zweckmäßig sein, selbst wenn der Zusammenhang 'auf's erste Gehör' etwas hergeholt scheint oder nicht sogleich erkennbar wird.

3. Fügen Sie sodann, wohlgemerkt erst *nach* der Einleitung, in welcher Sie ihre Zuhörer - hoffentlich - entsprechend neugierig gemacht haben, eine kurze Vorausschau über die wichtigsten Punkte und Fragestellungen Ihres Referats an. Am besten schreiben Sie diese an die Tafel bzw. werfen Sie mittels Projektor an die Wand. Zeitangaben zu den einzelnen Gliederungspunkten zu machen, erscheint nur ratsam, wenn man sicher ist, sie auch einhalten zu können.

---

117 Versuche mittels bloßer Variation des Sprechtempos auf eine absehbare Zeitüber- oder -unterschreitung zu reagieren, bleiben in den meisten Fällen erfolglos, da jedem ein individuelles Tempo eigen ist, in das er nach kurzem Versuch, es zu wechseln, meist schon nach wenigen Sätzen wieder zurückfällt.

4. Der Hauptteil des Referats beginnt mit der Schilderung der Ausgangs- bzw. Problemlage sowie mit Definitionen und Begriffsklärungen, die für das Verständnis des Folgenden wichtig sind. Auch hier bieten sich - gegebenenfalls von Zeit zu Zeit - optische Veranschaulichungshilfen mittels Projektionen oder PowerPoint-Folien an.

5. Daran schließt sich - je nach Thematik - eine Darstellung des Gegebenen, wenn man so will: des Ist-Zustandes des Stoffgebietes an, die zweckmäßigerweise mit einer vergleichenden bzw. würdigenden Zusammenfassung endet. Auch ein (Zwischen-)Fazit erscheint geboten, wenn auf dieser Stufe bereits bestimmte Schlussfolgerungen gezogen und Konsequenzen aufgezeigt werden sollen.

6. Nun erwartet man von Ihnen, dass Sie Alternativen vorstellen und/ oder - sofern möglich - Lösungswege aufzeigen. Es macht dabei die Sache rhetorisch für die Zuhörer spannender, wenn Sie zunächst auf einige - vielleicht naheliegende - Scheinlösungen eingehen. An diesen lässt sich die Problematik noch einmal verdeutlichen und begründen, warum es sich eben nur auf den ersten Blick um vermeintliche Lösungen handelt. Natürlich müssen sich daran dann ein oder mehrere operationale Lösungsvorschläge anschließen, die hinsichtlich ihrer jeweiligen Relevanz bzw. Umsetzbarkeit theoretisch wie praktisch zu würdigen sind.

7. Den Abschluss sollte - neben einer kurzen Zusammenfassung - wiederum ein eher origineller Schlusspunkt in Form einer u.U. überspitzt pointierten, provokanten oder auch heiteren These bilden. Beachten Sie, dass es hierbei besonders auf die Schlussworte ankommt. Sie sollten bei den Zuhörern Heiterkeit, Überraschung oder auch Betroffenheit o.ä. auslösen. Verwässern Sie die Wirkung Ihrer Schlussaussage nicht dadurch, dass Sie ihr noch weitere 'nüchterne' Ausführungen folgen lassen. Solche sind, sofern als notwendig erachtet, weiter vorher zu platzieren oder in der anschließenden Diskussion nachzureichen.

Außer Thesen nichts gewesen

Thesenpapiere haben grundsätzlich eine doppelte Funktion: zum einen fassen sie die zentralen Punkte des Referats überblickartig zusammen, zum anderen sollen sie Anstoß und Grundlage für die anschließende Diskussion abgeben. Im engeren Sinne versteht man unter einem Thesenpapier sogar nur eine Zusammenstellung von relativ stark persönlich geprägten Aussagen in Form von Behauptungen, Stellungnahmen, Prognosen o.ä., die im Referat oder während der Diskussion näher begründet werden (müssen). Je provokativer sie ausfallen, desto angeregter verläuft in aller Regel die Diskussion.

Auf jeden Fall geht es im Thesenpapier nicht um ausformulierte Erläuterungen, sondern um komprimierte Kurzfassungen bzw. zugespitzte Aussagen mit latentem Diskussions-Zündstoff.

Aus dieser Zwecksetzung heraus sind einige Besonderheiten zu beachten:

- Die Satzbildung ist äußerst knapp zu halten.
- Die Thesen sollen sich auf Kerngedanken beschränken. Einzelheiten bleiben der Diskussion vorbehalten.
- Es ist nicht unbedingt ein Mangel des Papiers, wenn einzelne Punkte wegen ihrer Komprimiertheit nicht von vornherein voll verständlich erscheinen, sondern erst im Laufe des mündlichen Vortrags deutlich werden.
- Es regt die Diskussion an, wenn (zumindest) einige der Thesen überspitzt, paradox oder auch witzig formuliert sind. Sie können auch in Form von Fragen gekleidet werden.
- Je nach Themenstellung sind auch persönliche Stellungnahmen gefragt bzw. gefordert.
- Anregende Diskussionen ergeben sich, wenn man bei kontroversen Positionen Rollenspiele initiiert: Lassen Sie aus den Reihen der Zuhörer Gruppen bilden, die versuchen sollen, jeweils eine bestimmte Hauptthese im Dialog mit den Vertretern des jeweils anderen Standpunktes stringent zu verteidigen.

Protokolle

Das [griechisch/lateinisch zusammengesetzte] Wort 'Protokoll' heißt etwa soviel wie 'Erst-Bericht'. Es soll eine - möglichst authentische - Niederschrift dessen sein, was sich ursprünglich abgespielt hat. Im Hochschulbereich gibt es zahlreiche Veranstaltungen, die die Anfertigung eines Protokolls verlangen oder zumindest ratsam erscheinen lassen: Kurse, die überwiegend auf Diskussionsbasis verlaufen, Gremiensitzungen, Tagungen, Wochenendseminare o.ä. Der Zweck des Protokolls besteht darin, die wichtigsten Punkte, die zur Sprache gekommen sind, sowie die Diskussionsergebnisse aus möglichst enger zeitlicher Nähe und noch frischem Erinnerungsvermögen in schriftlicher Form festzuhalten.

Zwei Formen von Protokollen sind zu unterscheiden: Detail- oder *Verlaufs*protokolle einerseits und Beschluss- oder *Ergebnis*protokolle andererseits. Erstere wollen den inhaltlichen Ablauf einer Diskussion im Detail wiedergeben, müssen also die Beiträge und vorgetragenen Argumente im Einzelnen enthalten. Letztere beschränken sich hingegen darauf, nur die wichtigsten Diskussionsergebnisse bzw. die gefassten Beschlüsse (wie z.B. bei Gremiensitzungen) festzuhalten - gegebenenfalls einschließlich der jeweiligen Abstimmungsverhältnisse.

Einige Besonderheiten der Protokollanfertigung sind zu beachten:

- Formal beginnt jedes Protokoll mit der Identifizierung der Veranstaltung bzw. Sitzung: Titel oder Nr. der Veranstaltung, Datum der Sitzung, Ort bzw. Raum, Zeit des Beginns (und später des Endes), Namen bzw. Anzahl der Teilnehmer der Runde, gegebenenfalls ergänzt um den Zusatz 'anwesend (bis ... Uhr)/nicht anwesend' bzw. '(un-)/entschuldigt'. Gremiensitzungen werden inhaltlich und zeitlich zusätzlich nach Tagungsordnungspunkten (sog. TOPs) strukturiert.
- Die Formulierungen sollen knapp und komprimiert gehalten sein. Ein Protokoll stellt keine persönliche oder gar kreative Auseinandersetzung des Protokollanten mit dem Diskussionsstoff dar und muss daher weitgehend sachlich, objektiv und wertfrei formuliert sein. Es darf sich um nichts anderes handeln als die bloß passive Kolportage des Abgelaufenen. Auch eine abschließende Beurteilung seitens des Protokollanten ist weder gefragt noch geboten.

- Die vorgetragenen Argumente und Ergebnisse werden in zeitlicher Folge bzw. nach inhaltlichen Aspekten gegliedert niedergeschrieben. In der Regel werden auch die Namen oder Gruppierungen der beteiligten Diskutanten aufgeführt. Das geschieht gewöhnlich in der Präsens-Form (*'A sagt, dass ... ; B hält dem die These entgegen, ... ; F gibt zu bedenken ...'* usw.).
- Da der Protokollführer die von den Teilnehmern mündlich vorgebrachten Argumente und Ausführungen 'nur' in die schriftliche Form bringt, erscheint eine nachträgliche Abstimmung mit den beteiligten Personen ratsam. Solche Abstimmung ist besonders dann wichtig, wenn bestimmte Formulierungen wörtlich zu Protokoll genommen werden sollten, sei es, dass jemand dies explizit verlangt hat (sog. Protokollnotiz), sei es, dass es einen Beschlussantrag exakt festzuhalten galt. Gremiensitzungen sehen dafür eigens den *'TOP 0: Protokollgenehmigungen'* vor, in dem die Teilnehmer Unklarheiten bzw. Ungenauigkeiten des Protokolls monieren können und die Richtigstellung der betreffenden Passagen gemeinsam vorgenommen wird.

Fazit: Ein Protokollant hat so gewissenhaft und objektiv wie möglich vorzugehen.

LEKTION 20: Prüfungsverhalten

"Das Gute an Ihren Ausführungen ist leider nicht neu, und das Neue daran ist alles andere als gut!"

... sagte der Prüfer und zog sich zur Beratung zurück.

Trotz Morgenstund' kein Gold im Mund!

Unabhängig davon, ob eine schriftliche oder mündliche Prüfung ansteht, der Zeitraum, über welchen sich die Prüfungsvorbereitung erstreckt, wird vor allem dadurch bestimmt, ob es sich um eine studienbegleitende Teilprüfung oder um eine studienabschließende Gesamtprüfung handelt.

Im ersteren Falle geht es um - inhaltlich weniger umfangreiche - Teilgebiete eines Faches, die während eines Semesters in Kursen oder Seminaren erarbeitet worden sind und deren Kenntnis bzw. Verständnis in der Prüfung nachgewiesen werden soll. Ein Nichtbestehen der Prüfung zieht, da man sie in aller Regel im nächsten Semester - zumindest einmal - wiederholen bzw. den Kurs erneut belegen kann, nicht unmittelbar eine Hinausschiebung des gesamten Studienabschlusses nach sich und ist insoweit nicht 'alles entscheidend'.

Mit der Vorbereitung auf solche Prüfungen sollte man rechtzeitig beginnen. Am effektivsten ist es, den Stoff schon während des Semesters parallel zum Unterrichtsfortschritt nachzuarbeiten und einzuüben. Man braucht ihn dann vor der Prüfung lediglich noch einmal zu wiederholen. Dieser Rat wird aller Erfahrung nach allerdings nur selten beherzigt. Die meisten beginnen mit dem systematischen Lernen erst, wenn der Prüfungstermin in unmittelbare Sichtweite gerückt ist. Ob so oder so - auf jeden Fall empfiehlt es sich, die Akkumulation von zusätzlichem Wissen einige Tage vor der Prüfung abzubrechen und das bis dahin Gelernte nur noch zu wiederholen. Zwei Tage vorher lege man am besten einen ganzen Ruhetag ein und 'am Tag davor' blättere man lediglich in seinen Unterlagen und gehe solche Punkte noch einmal durch, die am meisten Schwierigkeiten bereiten.

Die Nacht vor einer mehrstündigen Klausur sollte man, übrigens ebenso wie vor einer entscheidenden mündlichen Prüfung, eher ruhen, anstatt noch weiter zu pauken. Manche werden gleichwohl sagen: *'Schlafen kann ich nach der Prüfung noch genug! Und die Nacht davor finde ich sowieso keinen Schlaf!'* Das ist individuell natürlich verschieden und muss letztlich jeder für sich entscheiden.

Bei einer Prüfung, die sich inhaltlich auf eine größere Stoffmenge erstreckt, wie das z.B. bei (Vor-)Diplomprüfungen der Fall ist, steht eine entsprechend längere Zeit für die Vorbereitung zur Verfügung. Normalerweise wird es genügen, wenn man ca. vier Monate vorher mit der intensiven Vorbereitung auf die - meist mehreren - Fächer beginnt. Wenn zwischendurch Kraft und Konzentrationsfähigkeit nachlassen, kann man ruhig einmal 2-3 Tage völlig abschalten und entspannen. Wer aus lauter Respekt vor der Prüfung (bzw. dem damit verbundenen akademischen Titel) mit dem 'Eintrichtern' des Stoffs schon weitaus früher, etwa 6-8 Monate davor beginnt, wird feststellen, dass man spätestens nach 4 Monaten total ausgelaugt und die Energie zum Weiterlernen faktisch auf Null abgesunken ist. Sind es dann bis zur Prüfung noch zwei oder gar drei Monate, sollte man sich eine längere Pause (mindestens 8 bis 10 Tage) - gegebenenfalls mit leichten Wiederholungsübungen - gönnen, um neue Kraft zu schöpfen.

Allgemeine Empfehlungen sind nur schwer auszusprechen, da die jeweils richtige Strategie von individuellen Faktoren bestimmt wird, z.B. davon, zu welchem Lerntyp (s. oben S. 32 f.), man zählt und wie es um die Konzentrations- und Selbstdisziplinierungsfähigkeit u.ä. bestellt ist. Auch hier ist zu raten, einige Tage vor Prüfungsbeginn die Neuaufnahme von Stoff zu beenden und nur noch leichte Lockerungsübungen und Wiederholungen einzustreuen und sich ansonsten viel Ruhe zu gönnen. Entdeckt man gleichwohl, dass man das eine oder andere immer noch nicht drauf hat, darf man auf keinen Fall in Panik geraten. Für die Neuaufnahme umfangreicherer Inhalte ist es zum einen ohnehin zu spät, zum anderen wird es bei der angepeilten Note nicht immer gleich um die 'Eins' gehen; und schließlich dürfte ausgerechnet *dies* nur bei ausgesprochenen Pechvögeln drankommen. Vertrauen Sie ruhig auf den berühmten Trostspruch *'Mut zur Lücke'!*

Verhalten während der Prüfungssituation

♦ Klausuren: Bloß keine Panik!

Klausuren sind schriftliche Prüfungsarbeiten, meist in Fragen- oder Themenform gestellt, manchmal auch in Form von Falllösungen gefasst, in denen die Kandidaten zeigen sollen, dass sie den Lehrstoff beherrschen und im Wesentlichen mit eigenen Worten wiedergeben können. Dabei ist es unumgänglich, vorkommende Fachtermini und -begriffe zu erläutern und alle Aussagen, Thesen oder Behauptungen nicht nur in den Raum zu stellen, sondern ausführlich zu begründen. Nur daran kann der Prüfende erkennen, ob der Stoff auch wirklich verstanden worden ist.

Zunächst ist es wichtig, sich die einzelnen Klausurfragen bzw. -aufgaben genau durchzulesen und die Beantwortungsrichtung bzw. -aspekte, auf die sie - vermutlich - hinauslaufen, abzuschätzen. Diese Einschätzung ist mit dem eigenen Vorbereitungs- bzw. Wissensstand abzustimmen und entscheidet dann darüber, welche Aufgaben man - bei entsprechender Option - auswählt bzw. fortlässt. Auch die Reihenfolge der Bearbeitung sollte davon bestimmt sein. Es bietet sich an, diejenigen Aufgaben, zu denen man am meisten weiß (bzw. dies zumindest glaubt) vorzuziehen, um erst einmal den Grundstein für ein solides Punktepolster zu legen und darüber das Gefühl von Sicherheit und Selbstvertrauen zu gewinnen. Dies darf allerdings nicht auf Kosten der Bearbeitungszeit für die weniger 'geliebten' Fragen geschehen, es sei denn, zu diesen fällt einem partout nichts ein, sodass man die restliche Zeit für die (weitere) Vertiefung der anderen Fragen nutzen sollte. Gleichwohl besteht immer die Gefahr, dass man sich unangemessen ausführlich über die Lieblingsfragen auslässt und die anderen darüber zu kurz kommen lässt.

Zu Beginn jeder Klausur sollte man sich deshalb einen ungefähren Zeitplan für die einzelnen Aufgaben zurechtlegen, der Reserven für manch unvorhergesehene Verzögerung vorsieht, wie sie sich z.B. durch Verständnis- oder Formulierungsschwierigkeiten ergeben können. Auch für ein abschließendes nochmaliges Durchgehen der gesamten Ausführungen sollte Restzeit eingeplant werden.

Die für die einzelnen Klausurfragen bzw. -aufgaben einzuplanende Zeit muss sich an deren Gewichtungsgrad orientieren. Sie ist in der Regel durch Umrechnung der Relation '(maximal) erreichbare Punktzahl der einzelnen Aufgabe zur Gesamtpunktzahl' auf die anteilig zur Verfügung stehende Zeit zu ermitteln. So wäre es z.B. ineffektiv, für eine Aufgabe, die nach der Bewertungspunktzahl nur etwa ein Viertel der gesamten Klausur ausmacht, über die Hälfte der gesamten Klausurzeit vorzusehen. Man geriete dadurch bei den übrigen Aufgaben zwangsläufig in Zeitnot, was seinerseits nur zusätzliche Nervosität - auf Kosten der Konzentrationsfähigkeit - hervorruft. Man muss sich bewusst machen, dass die von der Prüfperson für eine bestimmte Aufgabe vorgesehene Bearbeitungszeit dessen Erwartung über die Bearbeitungsintensität der Aufgabe bestimmt. Außerdem ist zu beachten, dass die Frage- bzw. Aufgabenformulierung nicht alle zu behandelnden Unteraspekte oder Teilschritte ansprechen wird bzw. kann, sondern sich diese vielmehr aus dem für die jeweilige Aufgabe vorgegebenen Zeitrahmen ergeben.

Wegen des *'Gesetzes der abnehmenden Grenzpunktzahl'* empfiehlt es sich, auf jede Frage bzw. Aufgabe wenigstens ansatzweise einzugehen, selbst wenn einem dazu nur wenig einfällt. Oft reichen nämlich schon einige grundlegende Ausführungen oder die Erläuterung zentraler Themen-Stichworte aus, um die ersten Punkte zu verbuchen. Die 'letzten Punkte' für die Erreichung der maximal möglichen Zahl sind demgegenüber am schwierigsten zu erschreiben. Sie würden ja auch dem Sprung zur Einzelnote 'sehr gut' entsprechen.

Handelt es sich um eine Themenklausur, wird vom Kandidaten demnach eine Abhandlung über ein bestimmtes Thema verlangt, so sollte vor dem Losschreiben zunächst eine Gliederung entworfen und die inhaltlichen Hauptpunkte dazu vorskizziert werden. Dies beugt späteren - u.U. allzu häufigen - Korrekturen oder Verbesserungen vor, wie etwa Durchstreichungen, Einfügungen, Absatzverschiebungen, Änderungen der Argumentfolge u.ä.

Wichtig ist es, die Themen- bzw. Fragestellung der Aufgaben genau zu beachten und im Auge zu behalten. Jeder einzelne im Thema auftauchende Begriff ist explizit aufzugreifen und auszuführen. Um keinen zu vergessen, hilft vielleicht der klassische Schulleitsatz aus dem Deutschunterricht, jeden der Begriffe untereinander auf einem Notizblatt festzuhalten und darauf zu achten, dass jeder von ihnen - an angemessener Stelle - abgehandelt wird. Dabei ist darauf zu achten, dass man nur auf die thematisierte Problematik eingeht. Abschweifungen sind ebenso zu vermeiden wie eigenmächtige Themenabänderungen, etwa in Richtung auf die vorbereitete bzw. eigentlich erwartete Fragestellung[118].

Auch sog. Füllsätze oder wörtliche Wiederholungen der Frage- bzw. Aufgabenstellung sind bei Klausuren fehl am Platz. Sie kosten nur Zeit und bringen keinen Punktgewinn.

(Negativ-)**Beispiel:**

Aufgabe: 'Erläutern Sie den Unterschied zwischen einer angebotsbedingten und einer nachfrageinduzierten Inflation!'

Zunächst einmal wiederholt der Kandidat wörtlich die vorgegebene Aufgabenstellung! Dann fährt er fort: *"In der VWL unterscheidet man zwischen einer angebotsbedingten und einer nachfrageinduzierten Inflation. Ich möchte zunächst näher auf die angebotsbedingte Inflation eingehen und mich dann der nachfrageinduzierten zuwenden. Die angebotsbedingte Inflation setzt - im Gegensatz zur nachfrageinduzierten Inflation - auf der Angebotsseite an ..."*

Solches Vorgehen ist unbedingt zu vermeiden und stattdessen unmittelbar mit der Erläuterung der beiden thematisierten Typen von Inflation zu beginnen.

Abschließend sei noch erwähnt, dass - wie bei jeder schriftlichen Ausarbeitung - auch bei einer Klausur das äußere Erscheinungsbild eine nicht ganz unwichtige Rolle spielt. Es wird zwar nicht den letzten Bewertungsmaßstab abgeben, aber die positive Wirkung, die eine optisch ansprechende, sauber geschriebene, klar gegliederte Klausur auf den Korrigierenden ausübt, sollte man nicht unterschätzen.

---

118 Als populäres Beispiel für eine extreme 'Hinbiegung' der Aufgabenstellung sei auf das Thema 'Die Elefanten' im Biologie-Unterricht verwiesen, das ein auf Regenwürmer vorbereiteter Schüler mit den Sätzen beginnt: *"Elefanten haben einen wurmartigen Rüssel. Würmer teilt man ein in Regenwürmer und ..."*

♦ Mündliche Prüfungen: Schau mir in die Augen, Kleiner!

Meist sind die Kandidaten in mündlichen Prüfungen erheblich nervöser als bei schriftlichen. Das ist völlig normal. Jeder Prüfer zeigt Verständnis, wenn die Stimme zittert, sich an Wange und Hals rote Flecken zeigen oder Schweißperlen auf der Stirne stehen. Um solche Anfangsnervosität zu überwinden, werden - zumindest von einfühlsamen Prüfern - zu Beginn des Gesprächs meist relativ einfache, an das Fachgebiet heranführende Fragen gestellt oder auch solche, die einen gewissen inhaltlichen Freiraum gewähren bzw. sich auf das angegebene Spezialgebiet des Kandidaten beziehen. Dieser hat dann Zeit, sich sozusagen 'einzusprechen' und an die Prüfungsatmosphäre zu gewöhnen.

Wie bei Klausuren ist es auch hier wichtig, genau auf die Fragestellung zu achten. Die Prüfer zielen meist auf etwas Bestimmtes ab und zeigen sich in der Regel nicht erfreut, wenn ihrer Frage ausgewichen wird. Man erlebt es dann oft, dass sie nachhaken und versuchen, durch zusätzliche Hilfs- oder Vorfragen das Problem einzukreisen, um so doch noch zu der eigentlich vorgestellten Antwort zu gelangen. Man sollte also genau hinhören, allerdings auch nicht gleich in Panik geraten, wenn man die Lösung nicht weiß. Für diesen Fall erscheint es im übrigen besser, dies geradeheraus zuzugestehen, als sich minutenlang um die Sache herumzuwinden. Da mündliche Prüfungen selten länger als 15-20 Minuten dauern, bliebe beim Prüfer der Eindruck haften, dass der Kandidat für eine geraume Zeit nicht im Bilde gewesen ist bzw. unzureichende Ausführungen gemacht hat.

Andererseits sollte man aber im Falle von Wissenslücken auch nicht einfach schweigen und überhaupt nichts von sich geben. Besser ist es, eine Rückfrage zu stellen oder um Hilfestellung zu bitten o.ä. Sehen Sie ihr Gegenüber an! Es ist auf jeden Fall wichtig, im Gespräch zu bleiben. Um nicht nach jeder Frage, auf die man keine Antwort wusste, in Panik oder Resignation zu geraten, halte man sich vor Augen, dass es zum bloßen Bestehen der Prüfung ausreicht, wenn man wenigstens etwa die Hälfte des gefragten Stoffes parat hatte.

Unter Umständen kann man die Prüfung inhaltlich selbst in eine gewünschte Richtung lenken, indem man z.B. gezielt Stichworte oder Thesen einstreut, in der Hoffnung, dass sie der Prüfer aufgreift und nachfragt. Das klappt allerdings nicht immer, vor allem nicht, wenn dies zu offensichtlich geschieht. Prüfer haben in der Regel eine längere Prüfungspraxis und -erfahrung und kennen solche Finessen natürlich auch. Gleichwohl sind sie manchmal froh, wenn der Prüfling ihnen die Idee für die nächste Frage selbst liefert, da ihr eigenes (Standard-)Fragenrepertoire in aller Regel nicht unbegrenzt ist.

Schließlich sollte man auch auf die Gesten und Reaktionen des Prüfers achten. Stirnrunzeln, unsicherer bzw. fragender Blick o.ä. sind sichere Anzeichen dafür, dass man offenbar nicht auf dem richtigen Wege ist. Kopfnicken, ein 'aha' o.ä. signalisieren dagegen Zufriedenheit mit den Ausführungen. Wie gesagt: Schauen Sie Ihrem Gegenüber in die Augen!

LEKTION 21: Diskussionstechnik

"Wenn man weiß, was man nicht weiß und was auch andere nicht wissen können, wird der Spielraum für 'wissenschaftliche Scharlatane' geringer."

Gerl/Roventa

Diskussionsalltag

Diskussionen im Unialltag sind nützlich und fruchtbar, sofern sie ernsthaft, sachlich, zielstrebig und nicht zuletzt mit wechselseitiger Lernbereitschaft geführt werden. *Ernsthaft* meint dabei nicht verbissen oder gar ohne Humor; *sachlich* nicht, dass etwa nur Fachleute daran teilnehmen dürften, und *zielstrebig* schließlich nicht, dass das Diskussionsziel immer schon vorgegeben sein müsste. Wechselseitige Bereitschaft der Teilnehmer, überzeugende Argumente der anderen zu akzeptieren und daraus zu lernen, versteht sich für einen redlichen Dialog im Grunde von selbst. Der überwiegende Teil von Diskussionen läuft allerdings vollkommen anders ab.

Unterscheiden wir zunächst zwei Arten von Diskussionen:

- In der einen (Beispiel: Podiumsdiskussionen, 'round-table-Gespräche') geht es normalerweise darum, eine Streitfrage zu entscheiden. In ihr herrscht grundsätzlich *konkurrierendes* Diskussionsverhalten.
- Die andere ist dagegen eher lehr- bzw. lernorientiert und will der inhaltlichen Vertiefung eines Stoffes, gegenseitiger Kenntniserweiterung sowie der Schaffung eines differenzierten Problembewusstseins dienen (z.B. innerhalb von Lehrveranstaltungen, Wochenendseminaren u.ä.). Sie sollte im Gegensatz zu den ersteren durch eine *kooperierende* Diskussionsatmosphäre charakterisiert sein.

Die Realität sieht allerdings auch bei der letzteren Dialogform i.d.R. anders aus. So erweisen sich eigentlich kooperierend intendierte Diskussionen als keineswegs frei von Konkurrenzgebaren, im Gegenteil: Vielen Teilnehmern geht es vordergründig nur darum, als besonders schlau dazustehen, ob vor der Lehrkraft oder den Kommilitonen. Es kommt ihnen weniger auf die Klärung inhaltlicher Fragen als darauf an, persönliche Anerkennung bei den Zuhörern zu erfahren.

In konkurrierenden Diskussionssituationen dominiert der Wunsch, aus der Debatte als Sieger hervorzugehen bzw. der obsiegenden Partei anzugehören. Gerät man in dieser Hinsicht in aussichtslose Position, wird man wenigstens bemüht sein, sich so achtbar wie möglich zu schlagen. Da man allein an der Wirkung auf die Zuhörer interessiert ist, fehlt es in solchen Prestigedebatten grundsätzlich an gegenseitiger Lernbereitschaft. Über Erfolg oder Misserfolg entscheidet eher die Diskussions*technik* als die Qualität der Argumente. Der Dialog verläuft - mehr oder weniger zwangsläufig - in unredlichen Bahnen.

Sieht man sich einer solchen Diskussionsrunde ausgesetzt, bleibt einem selbst kaum etwas anderes übrig, als ebenfalls die Möglichkeiten verschiedener - unredlicher - Diskussionstechniken für sich auszuschöpfen. Dazu muss man natürlich zunächst einmal in der Lage sein, die Technik der anderen, ihre Ablenkungsmanöver, Schliche, Bluffs und Schikanen durchschauen zu können, um sie dann, wenn es die Situation bzw. die Wirkung auf die Kontrahenten bzw. Zuhörer opportun erscheinen lässt, als solche zu entlarven oder - besser noch - mit gleicher Münze zurückzuzahlen, d.h. ebenfalls in die Trickkiste zu greifen.

Diskussionstechnik besteht im Wesentlichen aus zwei Komponenten: einer strategischen und einer rhetorischen. *Rhetorik* ist zum gewissen Teil erlernbar, hängt aber auch von einer guten Portion Begabung ab. Da an dieser Stelle keine 'hohe Schule der Redekunst' intendiert ist, beschränken wir uns darauf, nur einige wenige Grundsätze aufzulisten:

- Formuliere möglichst klar und knapp!
- Sei geistreich und witzig!
- Arbeite mit einprägsamen Aphorismen[119]!
- Verwende anschauliche und - je nach Sachverhalt - auch drastische, überzeichnete Bilder (Allegorien[120], Metaphern[121]) oder Vergleiche!

---

119 Aphorismus = Sinnspruch (Beispiel: *"Wenn jemand das Wort 'offensichtlich' benutzt, handelt es sich immer um etwas Unbewiesenes!"*)

120 Allegorie = Sinnbild (Beispiel: *"Das hieße, das Kind mit dem Bade auszuschütten"* oder: *"Die Makrotheorie untersucht den Wald, die Mikrotheorie die Bäume!"*)

- Auch ein Schuss Sarkasmus[122], Satire[123] oder Ironie[124] erweisen sich als effektvoll!
- Versuche darüber hinaus, jeden Redebeitrag mit einer gezielten Pointe abzuschließen!

Techniken des (unredlichen) Diskurses

Was die *strategische Komponente* anbetrifft, sind zunächst drei verschiedene Richtungen zu unterscheiden:

- Bei der ersten geht es darum, den Gegner anzugreifen, ihn zu verunsichern oder seine Argumente abzuqualifizieren. Wir nennen sie *Offensivstrategie,* selbst wenn es sich dabei oftmals nur um Scheinangriffe bzw. Ablenkungsmanöver handelt.
- Die zweite versucht, den Schaden einer drohenden Niederlage durch Rückzugsgefechte in Grenzen zu halten. Wir bezeichnen sie als *Defensivstrategie,* auch wenn sie häufig ins Gegenteil umschlägt, wie schon eine alte Volksweisheit überliefert: 'Angriff ist die beste Verteidigung!'
- Ganz anderer Art ist schließlich die dritte Form. Hier wird versucht, sich als besonders schlau, belesen oder kenntnisreich ins Licht zu rücken, unabhängig davon, inwieweit dies in Wirklichkeit zutrifft. Es geht in erster Linie darum, Eindruck zu schinden und darüber die Gegner einzuschüchtern. Wir sprechen von *Imponier-* oder *Bluffstrategie.*

Im Folgenden seien einige Varianten dieser Strategien aufgezeigt, ohne Anspruch auf Vollständigkeit zu erheben. Fantasie und Erfindungsreichtum sind diesbezüglich keine Grenzen gesetzt.

---

121 Metapher = bildliche Ausdrucksweise [ähnlich der Allegorie] (Beispiel: *"Die Neoklassik erklärt den Preis über die Marktschere mit je einer Nutzen- und einer Kostenklinge!"*)

122 Sarkasmus = bitterer beißender Hohn

123 Satire = Verkleidung von Kritik hinter spöttisch-witziger Darstellung

124 Ironie = hinter scheinbarer Anerkennung verdeckter Spott

Offensivstrategien: Angreifen, ohne zu attackieren

♦ Originalität absprechen

Strategie: Hauptthesen, notfalls auch nebensächliche Randbemerkungen des Diskussionsgegners werden als 'alter Hut' hingestellt. Über die - vermeintlich - mangelnde Originalität soll die Qualität der Argumente herabgewürdigt werden. Da fast alles, zumindest annäherungsweise, irgendwann und irgendwo schon einmal aufgetaucht sein dürfte, lässt sich dieser Angriff relativ risikolos führen: Welche Gedanken sind schon absolut einzigartig bzw. derart originell, dass sich nicht irgendwo Parallelen finden ließen!

Beispiele:

"Das hat doch Autor xy schon vor Jahren zu zeigen versucht! /... bis ins Detail nachgewiesen! / ... hinreichend klargestellt!"

"Kommen Sie uns hier doch nicht mit solch altem Hut!"

Oder in etwas abgeschwächter, fragender Form:

"Wiederholen Sie hier im Grunde nicht lediglich, was Autor yz schon im Jahre 1995 gesagt hat?"

Die letzte Variante hat den besonderen Vorzug, dass der Einwand bzw. Vorwurf nicht einmal zu stimmen braucht, denn: 'man fragt ja nur'!

♦ Aktualität bestreiten

Strategie: Es wird die unzureichende Aktualität der Ausführungen moniert. Ob es überhaupt in der Absicht des Kontrahenten lag, besonders aktuell zu sein, ist dabei gänzlich unerheblich.

Beispiele:

"Das ist doch alles kaum noch / überhaupt nicht mehr aktuell!"

"Dieser Ansatz ist doch längst überholt!"

"Mit solch obsoleten Theorien locken Sie doch heutzutage niemanden mehr hinter dem Ofen hervor!"

Zugleich kann man auf ein Terrain überleiten, auf dem man sich heimisch fühlt oder auf das man besonders vorbereitet ist (s. dazu noch unter *Rückzugsgefechte*):

"Wen interessiert das heute eigentlich noch! Man sollte vielmehr darüber diskutieren, inwieweit es zutrifft, dass ..."

Auch auf diese Taktik kann man jederzeit gefahrlos zurückgreifen, da der Aktualitätsbegriff dehnbar ist. Und selbst wenn dem Thema ein hoher Aktualitätsgrad nicht abzusprechen ist, kann man immer noch darauf verweisen, dass andere Probleme brisanter seien und eine stärkere Beachtung verdient hätten.

♦ Willkürliche Generalisierung (oder Eingrenzung)

Strategie: Man dehnt den Gültigkeitsanspruch der vom Diskussionsgegner vertretenen These(n) - unter Umständen stillschweigend - aus oder grenzt ihn umgekehrt auf ganz bestimmte zeitliche oder regionale Bereiche ein und greift danach auf dieser Ebene an.

Beispiele:

Hat jemand der aktuellen Wirtschaftspolitik im Hinblick auf die hohe Arbeitslosigkeit nur begrenzte Effizienz bescheinigt (nicht etwa der Politik allgemein) und will man selbst versuchen, die Wirtschaftspolitik als erfolgreich hinzustellen, dann könnte man 'ausdehnen':

"Ich kann der Auffassung, die Wirtschaftspolitik sei bislang weitgehend erfolglos geblieben, nicht zustimmen! Im Gegenteil: betrachtet man die Wachstums- oder Inflationsrate, so zeigt sich ... "

Umgekehrt ließe sich durch Eingrenzung selbst in Bezug auf die Arbeitsmarktthese das Blatt drehen, wenn es gelingt, geeignete Zeiträume und/oder Regionen ins Feld zu führen.

Beispiel:

"Betrachten wir die Monate April-Juni 2002, und hier insbesondere die Verhältnisse in Bayern, speziell in Altötting ..., so zeigen sich durchaus positive Arbeitsmarkteffekte!"

♦ Stillschweigender Ebenenwechsel

Strategie: Durch abwechselndes Hin- und Herspringen zwischen verschiedenen Ebenen, z.B. von der empirischen[125] auf die theoretische und umgekehrt, gelingen in aller Regel verblüffende Verunsicherungserfolge, die einen unversierten Gegner gewöhnlich schlecht aussehen lassen. Fühlt man sich z.B. in den theoretischen Gefilden nicht so vertraut, kann man - heimlich, still und leise - versuchen, die Diskussion auf genehmere empirische Bahnen überzuleiten (und umgekehrt).

> **Beispiel:**
>
> Hat jemand das sog. Ertragsgesetz für die betriebswirtschaftliche Praxis, speziell für Großunternehmen, als empirisch irrelevant hingestellt, so kann man - mit dem Verweis auf die theoretisch einwandfreie Ableitung des Gesetzes - erstaunt fragen:
>
> *"Wie können Sie dieses aus seinen Prämissen mit logischer Denknotwendigkeit hergeleitete Gesetz, dessen Richtigkeit von der gesamten Profession im Grunde nicht bestritten wird, für falsch erklären?"*
>
> (Das hat die angegriffene Person überhaupt nicht getan!)

Selbst wenn der Gegner den Wechsel von der empirischen auf die theoretische Ebene erkennt, bleibt dies für den Angreifer insofern relativ unschädlich, als er immerhin auf einen wichtigen Unterschied zwischen theoretischer und empirischer Betrachtung des Problems hingewiesen hat.

♦ Unvollständigkeitsvorwurf

Strategie: Man wirft dem Kontrahenten vor, diesen oder jenen Punkt ausgespart zu haben, und schließt daraus auf mangelnde Objektivität bzw. wissenschaftliche Unredlichkeit oder - etwas vorsichtiger - zumindest auf die Unausgewogenheit seiner Ausführungen. Da natürlich niemand jemals *alles* ansprechen kann, handelt es sich um eine gefahrlos einsetzbare Taktik.

---

[125] Empirisch = auf sinnlich wahrnehmbaren 'Tatsachen' beruhend.

Beispiel:

"Ich finde es (besonders) bedauerlich, dass der Referent nicht auf den Punkt xy eingegangen ist. Insofern erscheinen mir seine Ausführungen unter wissenschaftlichem Aspekt höchst problematisch, weil subjektiv gefärbt. Unter Berücksichtigung dieses Punktes hätte sich nämlich gezeigt, dass die Dinge anders liegen!"

Selbst wenn sich der Referent gegen derartige Einwände mit guten Argumenten zu verteidigen weiß, lässt sich ein solcher Vorwurf doch niemals endgültig entkräften. Es bleibt daher - zumindest latent - immer der Verdacht im Raum, dass er nur die ihm jeweils genehmen Aspekte abgehandelt haben könnte bzw. relativ willkürlich vorgegangen sei.

♦ Aus Mücken Elefanten machen

Strategie: Hat sich beim Kontrahenten tatsächlich einmal eine Ungenauigkeit eingeschlichen oder ist ihm irgendwo ein - im Prinzip unbedeutender - Fehler in seinen Ausführungen unterlaufen, wird versucht, den Finger auf diese Schwachstelle zu legen und ihren Stellenwert so aufzubauschen, als hinge die Stichhaltigkeit der gesamten Argumentation davon ab.

Beispiele:

Hat sich jemand etwa bei der Angabe eines bestimmten Wertes geirrt, könnte man beginnen:

"Wenn schon diese Zahl nicht stimmt, wie soll man dann die sehr viel wichtigeren ..."

Oder:

"Ohne Kenntnis der genauen Daten kann man überhaupt nichts Endgültiges folgern!"

Hat der Kontrahent versehentlich zwei Namen, Daten oder Aspekte verwechselt, mag man spöttelnd angreifen:

"Ich hoffe, dass der Referent hier nicht noch andere Dinge verdreht hat. Wenn ich mir allerdings die Aussage xy betrachte ..."

♦ Strohmänner aufbauen und auf sie einschlagen

Strategie: Geben die Ausführungen des Kontrahenten kaum Kritisierbares her, so besteht eine beliebte Strategie darin, Passagen gezielt falsch zu interpretieren und/oder ihm Aussagen zu unterstellen, die er überhaupt (zumindest so) nicht geäußert hat. Anschließend werden sie dann gleichwohl zum Gegenstand der Kritik erhoben. Oftmals bemerken die Zuhörer die gezielte Fehlinterpretation bzw. Unterstellung gar nicht und lassen sich allein durch die Kritik beeindrucken.

Beispiele:

Wurde im Vortrag die Politik der Europäischen Zentralbank als neoklassisch-liberalistisch eingestuft, könnte man diese bloße Feststellung als - zumindest implizite - Kritik an der geldpolitischen Konzeption der Bank oder auch an der Neoklassik aufbauschen, ohne dass davon explizit die Rede war:

"Die Kritik an der Geldpolitik der EZB bzw. die Unterstellung, dass eine effektive Geldpolitik auf neoklassischer Theoriebasis nicht möglich sei, erscheint mir doch höchst problematisch! Vielmehr ..."

Oder:

Hat jemand die konjunkturelle Situation mit dem Hinweis auf die rückläufige Arbeitslosigkeit und den Anstieg des Sozialprodukts als hoffnungsvoll bezeichnet, könnte der Angriff lauten:

"Wenn der Referent eine Arbeitslosenrate von über (sage:) *10 v.H. als zufriedenstellend feiert, ..."*

(Niemand hat das getan!)

Beim unbedarften Zuhörer verfehlt solche - unlautere - Taktik ihre Wirkung nicht und hinterlässt eine gewisse Verunsicherung und Skepsis in Bezug auf die vorgetragenen Thesen.

♦ Anfechtung von Tendenzaussagen

Strategie: Sie besteht darin, Tendenzaussagen mit Gegenbeispielen (vermeintlich) zu widerlegen bzw. zu bestreiten. Tendenzaussagen beinhalten immer ein Unsicherheitsmoment. Entgegenwirkende Kräfte oder Effekte, welche die Aussage scheitern bzw. eben nur der Tendenz nach gelten lassen, gehören zu ihrer Logik. (Andernfalls müsste es sich ja um ein unumstößliches, immergültiges, sog. nomothetisches Gesetz handeln.)

Beispiel:

Hat der Referent die These aufgestellt, dass eine hohe bzw. steigende Staatsverschuldung der Tendenz nach Zinssteigerungen am Kapitalmarkt zur Folge habe, und hat dies mit empirischem Material über längerfristige Zeiträume auch belegen können, so könnte man gleichwohl durch den Verweis auf die Jahre 2001-2005 zu kontern versuchen, als in der Bundesrepublik eine massive Zunahme der Staatsverschuldung mit einem sinkenden bzw. anhaltend niedrigen Zinsniveau auf historischem Tiefststand einherging.

♦ Gezielte Überforderung

Strategie: Die Taktik besteht darin, den Standpunkt des Kontrahenten dadurch zu untergraben, dass man ihn Dinge fragt, die er schlechterdings nicht oder kaum beantworten kann. So kann man Aspekte ins Spiel bringen, die allgemein kaum bekannt oder bearbeitet sind, oder auch solche, die den Rahmen des Themas, auf das sich der Referent bzw. Kontrahent vorbereitet hat, sprengen.

Beispiele:

"Sie führten aus, dass dies heute so und so sei! Was aber würde herauskommen, wenn man den Zeitraum t-1 untersuchen würde?"

Oder:

"Kann man Ihre Theorie nicht mit der höchst interessanten These von Autor xy verknüpfen oder auf das erweiterte Modell des Instituts yz übertragen? Wie würde dies Ihre Ergebnisse modifizieren?"

Der Befragte muss natürlich passen, was er am besten offen eingestehen sollte. Lässt er sich dagegen spontan auf einen Antwort- oder Rechtfertigungsversuch ein, wird dieser oftmals nur halbherzig und wenig überzeugend ausfallen oder ihn gar - ungünstiger noch - zur Verwicklung in Widersprüche verleiten. Dadurch öffnen sich dem Gegner weitere Flanken.

♦ Hinweis auf Ausnahmen

Strategie: Ähnlich wie bei der Strategie der Anfechtung von Tendenzaussagen kann man mit dem gezielten Hinweis auf Ausnahmen, die einer behaupteten These, Annahme o.ä. entgegenstehen, faktisch alles in Zweifel ziehen.

Beispiele:

Geht jemand in seinen Ausführungen der Einfachheit halber davon aus, dass die privaten Banken nach Gewinnmaximierung streben, so kann man etwa darauf hinweisen,

"dass es - selbst unter den privaten - Institute gibt, bei denen auch andere Zielsetzungen eine Rolle spielen wie z.B. die bevorzugte Kreditversorgung einer bestimmten Klientel ..."

Oder, wenn es um rein empirische Behauptungen geht, lassen sich fast immer Gegenbeispiele finden:

"Für Japan sieht das aber anders aus ...!"

"Im Jahre x zeigte sich vielmehr, dass ...!"

Erkennt der Kontrahent die Taktik und weist den Einwand mit dem Hinweis zurück, dass es doch zur Logik einer Regel gehöre, dass sie immer auch Ausnahme beinhalte, so lasse man sich davon nicht beeindrucken. Im Gegenteil: Man fahre damit fort, möglichst zahlreiche weitere Gegenbeispiele aufzulisten und betone dabei nachdrücklich, dass es sich keineswegs um Ausnahmen handele, sondern um klare, eindeutige Widerlegungen der getroffenen Aussage. Man kann sich darauf verlassen, dass solche Fragen niemals - schon gar nicht am Diskussionstisch - endgültig entscheidbar sind und die These des Kontrahenten - zumindest leicht - angeschlagen zurückbleiben wird.

♦ Deklassierende Abstempelung

Strategie: Fällt einem partout kein inhaltlicher Ansatzpunkt für einen Angriff ein, kann man als letztes probates, wenngleich recht plumpes Mittel auf allgemeine deklassierende Abstempelungen zurückgreifen, die - ob berechtigt oder nicht - nur selten ihren Eindruck beim Publikum verfehlen.

Beispiele:

"Das ist ja elitäre Phraseologie!"
"... obsoletes Theorieverständnis!"
"... reinster Modellplatonismus!"
"... billige Apologetik!"
"... spitzfindige Verbalakrobatik!"
"... simpler Vulgärmarxismus!"
"... esoterische Glasperlenspielerei!"
"... ideologischer Dogmatismus!"
usw.

Adjektive und Substantive sind dabei beliebig kombinierbar, wodurch sich das Repertoire eindrucksvoll vergrößern lässt!

Defensivstrategien: Rückzug als Attacke

Kommen wir nun zu den Defensivstrategien. Hier sind grundsätzlich zwei Alternativen zu unterscheiden: *Ausweichmanöver* und *Rückzugsgefechte.*

♦ Ausweichmanöver

Strategie: Um einem gefährlichen Angriff aus dem Wege zu gehen, versucht man, möglichst unauffällig bzw. stillschweigend den Schauplatz zu wechseln. Hierbei kann man weitgehend auf Strategien zurückgreifen, die wir oben als offensive vorgestellt haben, z.B. auf den bewusst herbeigeführten Ebenenwechsel zwischen Theorie und Empirie, den Verweis auf Ausnahmen, gezielte Fehlinterpretation usw. Schon etwas dreist wäre es, sich dabei auf mehr oder weniger zufällig bzw. nur am Rande gefallene Begriffe oder Sätze des Gegners zu stürzen, geradezu keck dagegen, angeblich getroffene Aussagen frei zu erfinden und sie in gewünschter Weise zurechtzubiegen.

Die Taktik lässt sich insgesamt in vielfältiger Form einsetzen und meist auch relativ risikolos wiederholen, so dass sich mit ihrer Hilfe die Gefahr einer potenziellen Niederlage effektvoll abwenden lässt.

Beispiele:

Hat jemand die These vertreten, dass diejenigen, die Arbeit nachfragen, eine längere Sucharbeitslosigkeit in Kauf nähmen, da sie nicht sogleich bereit wären, zu einem niedrigeren als dem früheren Lohn zu arbeiten, kann der - beabsichtigte - Themenwechsel etwa folgendermaßen vonstatten gehen:

"Ich weiß zwar nicht, was oder wen die Arbeiter Ihrer Meinung nach suchen, was ich weiß, ist, dass die Arbeitgeber ihre Investitionsentscheidungen nicht allein unter Kostenaspekten treffen ..." usw.

Und schon schließt sich die eigene Lieblingsthese an, die mit dem Diskussionsthema zwar im Zusammenhang stehen sollte, es notfalls aber nicht einmal tun muss.

Oder:

Will man unbedingt auf den Sachverhalt xy zu sprechen kommen, obwohl er vom Referenten überhaupt nicht thematisiert wurde, kann man einfach überleiten:

"Wenn ich mich recht erinnere, bezogen sich Ihre Ausführungen zur Geldpolitik, zumindest indirekt, auf den allseits bekannten Sachverhalt xy ..."

... und nun kann man loslegen. Auch wenn der Bezug überhaupt nicht stimmt oder intendiert war, kann einem niemand wirklich einen Strick daraus drehen!

Die Kette der Beispiele ließe sich nahezu unendlich fortsetzen!

♦ Rückzugsgefechte

Gerät die eigene Position unter dem Druck der Gegenargumente so stark ins Wanken, dass sie nicht mehr haltbar erscheint, ist es an der Zeit, Rückzugsgefechte zu führen.

Strategien: Man versucht, entweder den Gültigkeitsbereich seiner bislang vehement vertretenen These oder Theorie so einzuschränken, dass kaum noch Raum für weitere Angriffs- oder gar Widerlegungsmöglichkeiten bleibt. Oder man bestreitet einfach, dies so vertreten zu haben und versucht, sich mit dem Gegner zu verbünden. Auch bieten sich Ablenkungsmanöver an, um die Diskussion auf weniger brisante Felder zu führen u.ä.m.

Beispiele:

Sieht man sich mit der Auffassung, die Inflation sei der übermäßigen Geldmengenausdehnung zuzuschreiben, unter dem Druck schlagender bzw. plausiblerer Gegenargumente bei den Zuhörern ins Abseits geraten, kann man die These nachträglich zu relativieren versuchen, indem man ihren empirischen Gültigkeitsanspruch auf regional und/oder zeitlich begrenzte Bereiche eingrenzt oder von bestimmten Rahmenbedingungen abhängig erklärt:

"Natürlich setzt dies eine bestimmte außenwirtschaftliche Konstellation voraus, die zur Zeit nicht gegeben ist ..." / "... erfordert dies eine stabile Arbeitsmarktlage ..."

"Für Korea im Jahre 1997 trifft der Zusammenhang eindeutig zu!"

Es erweist sich als durchaus effektvoll, solche Rückzugskampagnen mit kleinen Gegenhieben zu würzen, indem man z.B. so tut, als hätte man die benannten Einschränkungen bereits eingangs betont oder zumindest implizit erwähnt, und dem Kontrahenten somit mangelnde Aufmerksamkeit vorwirft. Ohne Tonbandaufzeichnung wird dies niemand eindeutig widerlegen können.

Beispiele:

"Das hatte ich anfangs zwar bereits einschränkend hinzugefügt! Ich erläutere es Ihnen aber gerne noch einmal ..."

"Es scheint offenbar nötig zu sein, die Prämissen meiner Modellüberlegungen noch einmal zu benennen."

Wie gesagt: Angriff war schon immer die beste Verteidigung!

Strategien des 'Eindruck-Schindens'

♦ Die Blufftechnik[126]

Strategie: Mittels bloßen Vortäuschens von Wissen oder heroischer Gedächtnisleistungen wird versucht, bei der Zuhörerschaft Eindruck zu schinden.

Beispiele:

Man bringt einen literarisch markanten Satz ein, auf den man gerade gestern zufällig gestoßen ist (was man natürlich nicht verrät):

"Das erinnert mich an den berühmten Schlusssatz von Kant's kleiner Schrift 'Zum ewigen Frieden' ..."

Natürlich hat - vermutlich - kaum einer der Anwesenden diese Schrift je gelesen, geschweige denn kennt oder erinnert sich gar an den Schlusssatz daraus.

Oder:

"Eine interessante Gegenposition zu Ihrer Aussage findet sich im kürzlich erschienenen Aufsatz von xy im 'American Review ...' im 6. Heft des Jahres 2003, wenn ich nicht irre, wo dieser ausführt, dass - ich zitiere sinngemäß - ..."

Man erweckt den Eindruck des ungeheuer Belesenen, der fleißig alle Fachzeitschriften studiert und ständig auswertet und sich darüber hinaus in den entscheidenden Momenten exakt an Einzelheiten daraus erinnert.

---

[126] Der Autor *Wolf Wagner* hat sich in einem hübschen Buch (Uni-Angst und Uni-Bluff) speziell mit dieser unredlichen Technik des Diskurses im Uni-Alltag beschäftigt (s. dazu die Literaturhinweise).

Damit so viel - gebluffte - Detailkenntnis, Fleiß und Gedächtnisleistung nicht als überzogene Akrobatik oder als das, was es eigentlich ist, verdächtigt und dadurch u.U. seiner Wirkung beraubt wird, empfiehlt sich eine gewisse Selbstbescheidung, indem z.B. kleine vorbeugende Zugeständnisse an die Unzulänglichkeit des eigenen Erinnerungsvermögens eingeflochten werden:

> *"Ich erinnere mich nicht mehr an die genaue Jahreszahl oder Heftnummer"* und/oder gar *"... an die wörtliche Formulierung!"*

Es macht den 'Pfiff' dieser speziellen Taktik aus, dass man die zitierten Sätze und Gedanken im Grunde kaum selbst zu kennen oder gelesen zu haben braucht. Es genügt, lediglich so zu tun, als habe man gelesen. Die einzige Gefahr beim Bluff besteht darin, durch einen zufällig anwesenden Fachkenner offen entlarvt zu werden.

Hat z.B. jemand, auf das oben angeführte Kant-Zitat zurückgreifend, ausnahmsweise und zufällig die betreffende Schrift von Kant gerade gelesen und erinnert sich an die zitierte Stelle oder gibt es einen absoluten Kant-Spezialisten im Raum, kann es peinlich werden. Natürlich kann man hier auch seinerseits auf einen bloßen Gegen-Bluff hereinfallen.

Da man das Risiko im Einzelnen aber nur schwer abschätzen kann, ist bei dieser Taktik immer Vorsicht geboten. Man sollte, wie erwähnt, darauf achten, dass für solche Fälle immer potenzielle Rettungsplanken bereitliegen, sodass im Notfall Hintertüren offen bleiben: Entschuldigungen, Einschränkungen, Zugeständnisse.

> **Beispiel:**
>
> *"Das schreibt Autor xy, im seinem Buch mit dem Titel 'soundso', m.E. im dritten Kapitel ..."*
>
> Kennt dann jemand zufällig dieses Buch und erklärt glaubhaft, dass weder Titel noch die angegebene Stelle stimmen können, so kann man ohne Gesichtsverlust fortfahren:
>
> *"Dann muss es an anderer Stelle gewesen sein! Manchmal verlässt mich eben das Gedächtnis in solchen Fragen."*

Die Zuhörer werden in aller Regel vom ersten Teil der 'Gedächtnisleistung' bereits so beeindruckt sein, dass sie die generös eingestandene

'Ungenauigkeit' wohlwollend verzeihen und diese nicht mehr ins Gewicht fällt.

Ganz Dreiste greifen sogar auf frei erfundene oder irgendwo aufgeschnappte Zitate zurück. Nachhaltigen Eindruck hinterlässt es in der Regel, wenn man Bücher oder Autoren zitiert, die allgemein als besonders schwierig gelten. Mit ein paar frei formulierten 'Passagen' daraus erweckt man den Eindruck, als sei man mit den diffizilen Gedanken des Buches bzw. Autors bestens vertraut. Notfalls bleibt einem ja, wie gezeigt, immer noch eine der zahlreichen Rückzugsvarianten.

♦ Bewusstes Falschverstehen

Strategie: Man interpretiert bestimmte Ausführungen bewusst falsch, um einen Diskussionspunkt zu konstruieren, mit dem man zwar offene Türen einrennt, aber wenigstens Interesse und fachliche Kompetenz vorzutäuschen vermag.

Beispiel:

Hat jemand anhand von komplizierten Modellrechnungen nachzuweisen versucht, dass der Staatsausgabenmultiplikator im letzten Jahr gesunken sei, kann man auf folgende Weise Punkte sammeln:

"Wenn hier davon gesprochen wurde, dass der Staatsausgabenmultiplikator sich in den letzten Jahren kaum verändert hätte, so ist das nicht zutreffend. Schon ein Überfliegen der genannten Daten für dieses und die letzten Jahre zeigt, dass er gesunken sein muss!"

Man greift damit niemanden an, da ja genau dies behauptet wurde, 'punktet' aber, da man hiermit zu verstehen vorgibt, dass man die komplizierten Berechnungen nicht nur nachzuvollziehen in der Lage ist, sondern sich darüber hinaus so gut auskennt, dass man grobe Rechnungen dieser Art sogar im Kopf ausführen kann. Die mit dem (absichtlichen) Fehlverstehen eventuell angekreidete Unaufmerksamkeit (*"Ach so, Sie kommen grundsätzlich auch zu diesem Ergebnis? Dann bitte ich um Entschuldigung, dass ich das überhört hatte!"*) wird durch den mathematischen Achtungserfolg überkompensiert.

♦ Diskussion in sichere Spezialgebiete lenken

Strategie: Werden einem gewisse Themenbereiche zu heikel oder sieht man kaum Chancen, sich dort 'einzubringen', kann man versuchen, die Diskussion auf Inhalte oder eine Ebene zu ziehen, wo man sich sicher fühlt bzw. sich mit der Blufftechnik Erfolge verspricht. Es genügt in der Regel, den Eindruck eines Sachkenners auf diesem Gebiet zu erwecken, selbst wenn man sich das Renommierwissen gerade gestern zufällig angelesen und nur deshalb noch parat hat. Oft wird auch versucht, das Gespräch auf Themengebiete zu ziehen, mit denen man sich seit längerer Zeit intensiv befasst hat, was die Zuhörer im Allgemeinen ja nicht wissen. Die Wege dahin führen über schon früher erwähnte Strategien.

Beispiel:

Will man in einer Diskussion über aktuelle Fragen der Staatsverschuldung und der Haushaltsgestaltung die Sprache auf den Finanzausgleich zwischen den Bundesländern bringen, da man sich gerade in die Details dieses höchst komplizierten Gesetzeswerkes eingearbeitet und vieles daraus noch präsent hat, so bietet sich etwa folgende Überleitung an:

"Die Diskussion kreist mir zu sehr um die Frage der Verschuldung (oder welche Aspekte sonst näher erörtert wurden). *Man darf doch nicht die Finanzprobleme außer Acht lassen, die dem Bundes- wie den Länderhaushalten durch den vertikalen und horizontalen Finanzausgleich erwachsen. Hier ist es doch so, dass ..."*

Und schon ist man in seinem Metier.

Sollten die anderen Diskutanten ihrerseits versuchen, auf andere - wiederum *ihnen* genehmere - Themen auszuweichen, könnte man durchaus noch ein weiteres Mal darauf zu sprechen kommen:

"Verzeihung, ich muss doch noch einmal auf den von mir angesprochenen Zusammenhang zwischen Finanzausgleich und Bundeshaushalt zurückkommen. Es stimmt einfach nicht, dass ..."

♦ Zuckerbrot und Peitsche

Strategie: Man versucht, beim Publikum Anerkennung für sich zu gewinnen, indem man - selbst schärfste - Kritik am Kontrahenten mit gefälligen Eingangsformeln garniert. Man gilt trotz der ausgeteilten Hiebe als höflich und, da man den Eindruck erweckt, andere Meinungen zu respektieren, als objektiv und tolerant.

Beispiele:

"Die Ausführungen des Referenten ... waren im Großen und Ganzen nicht uninteressant / zweifelsohne aufschlussreich ..., allerdings ..."

"Der Vortrag des Referenten enthielt durchaus Einiges, was weiter zu durchdenken wäre, jedoch ..."

"Es ist bemerkenswert, wie viel Mühe sich der Referent mit ... gemacht hat, nur sind seine Überlegungen leider ..."

... und nun legt man los!

Fazit

Respekt vor Diskussionsleistungen anderer setzt zunächst einmal Vertrautheit mit den üblichen Tricks und Bluffs voraus! Erst wenn man diese zu erkennen in der Lage ist, kann man sie für sich selbst nutzen, gepaart mit den verschiedenen Varianten von Offensiv- und Defensivstrategien. Da die Grenzen zwischen beiden fließend sind, kann man mühelos zwischen ihnen hin und herspringen: Angriff - Bluff - Rückzug - Angriff ... Bluff, Bluff.

Zu guter Letzt: Die wichtigsten Empfehlungen im Überblick

'Ich weiß,
es wird noch mal ein Wunder geschehen!'

Sowohl für diejenigen, die dieses Buch aufmerksam gelesen haben als auch für die, die zu den Bequemen gehören und sich gleich hierher vorgeblättert haben, in der Hoffnung, einen komprimierten Tipp-Service geliefert zu bekommen, seien abschließend die wichtigsten Empfehlungen aus den einzelnen Lektionen - z.T. in etwas überzeichneter Form - noch einmal zusammengestellt.

Zum Studium und wissenschaftlichen Arbeiten allgemein

- Wissenschaftliches Arbeiten (*Lektion 1*) zeichnet sich vor allem dadurch aus, dass man eine Aufgabe oder Fragestellung systematisch, planvoll und zielgerichtet angeht. Der Übergang von der Schule zur Hochschule will die Abkehr vom 'paukerischen' Nachbeten des Stoffs hin zur Selbsterarbeitung der Inhalte bewirken. An die Stelle eines nur passiv-reaktiven Lernens soll ein aktiv-kreatives treten, statt bloßer Faktenreproduktion der Erwerb von Problemlösungswissen erreicht werden. Das klingt leichter gesagt als getan! Hoffen Sie fest auf das Wunder!
- Unabdingbare Vorrausetzungen für ein effektives Studium sind hinreichende Motivation und Konzentration (*Lektion 2*). 'Sich selbst nichts vorlügen!' und: 'Störquellen der Konzentrationsfähigkeit ausfindig machen und, soweit es geht, beheben!' - lauten hier die wichtigsten Tipps. Halten sie sich während der Dauer Ihrer wissenschaftlichen Arbeit Ihren Partner vom Leibe bzw. verlieben Sie sich um Gottes willen während dieser Zeit erst gar nicht und wimmeln Sie alle Ihre Freunde gnadenlos ab!

- Vermeiden Sie Chaos am häuslichen Arbeitsplatz (*Lektion 5*)! Richten Sie Ihre Arbeits- und Pausenzeiten (*Lektion 7*) gemäß Ihrem individuellen Rhythmus aus! Auch ein Walzer wäre ohne den Drei-Viertel-Takt nicht das, was er ist!

- Nutzen Sie die Möglichkeiten des PC (*Lektion 6*)! Hier ist zwar zur Erlernung der Handhabung mancher Software zusätzlicher Zeitaufwand zu investieren, dieser fließt allerdings später in Form einer Rendite zurück, die Ihnen selbst unseriöse Anbieter am Kapitalmarkt nicht bieten können. Gewarnt sei allerdings vor einem übertriebenen Rückgriff auf das Internet: Der Infosmog, der sich hier zeitweilig verbreitet, schadet neben dem Kopf auch Ihrer Geldbörse!

- Prüfen Sie die Chancen von Gruppenarbeit (*Lektion 8*)! Gruppendruck fördert die Selbstdisziplin und gruppendynamische Erfahrungen wirken positiv in alle Lebensbereiche zurück. Leider lässt sich aber nicht alles auf die anderen abwälzen!

- In Prüfungen (*Lektion 20*) gilt es vor allem, nicht in Panik zu verfallen. Versuchen Sie auch weder mit Renommierwissen zu kokettieren noch durch beharrliches Schweigen allseits Betretenheit zu erzeugen. Schauen Sie Ihren Prüfer offen an und achten Sie genau auf seine Fragestellungen! Er lässt ja doch nicht locker!

In Bezug auf Lehrveranstaltungen

- Mitschreiben (*Lektion 3*) will gelernt sein! Setzen Sie sich über ökologische Bedenken hinweg und räumen Sie für die Mitschriftseiten ausreichend Platz ein! Bieten Sie Dozenten, die chaotisch oder wirr vortragen, Rollentausch an!

- Haben Sie es übernommen oder auch nur nicht vermeiden können, selbst ein Referat (*Lektion 19*) zu halten, sollte Ihre Textvorlage anders gestaltet sein als bei 'bloß' schriftlicher Ausarbeitung des Themas. *Freier und lebendiger Vortrag auf Basis eines übersichtlichen Stichwortmanuskripts* lautet die Maxime. Fesseln Sie Ihre Zuhörer!

- In einem Thesenpapier (weiterhin *Lektion 19*) geht es um sachlich-provokante Kurzstatements zum Thema, die Diskussionszündstoff enthalten. Wenn Sie nicht wissen, wie so ein Papier auszusehen hat, brauchen Sie sich nur an *Luther*'s Anschlag von 1517 an der Schlosskirche zu Wittenberg zu erinnern!

- Protokolle (ebenfalls noch *Lektion 19*) sind weitgehend objektive, wertfreie Nachzeichnungen von Sitzungs- oder Diskussionsverläufen. Sie erfordern die Beachtung mancher Besonderheiten, was Sie allerdings umgehen können, wenn es Ihnen gelingt, niemals aktiv an Diskussionsveranstaltungen, Seminaren oder Gremiensitzungen teilnehmen zu müssen.
- Diskussionsrunden sind Eitelkeitsmärkte. Wer auf ihnen bestehen will, muss sich die jeweils aktuelle Sprachkleidung zulegen. Um dabei nicht aus der Mode zu kommen, werden in *Lektion 21* einige Tipps zum passenden Outfit gegeben - nach dem Motto: 'Hier und da ein Bluff zur Hand, kommt man besser durch das Land!'

Und schließlich: Zum Lesen und Schreiben

- Bibliotheken (*Lektion 4*) sind Schatzkammern! Es ist im Allgemeinen nicht schwierig, ihre geheimen Systematik-, Signatur- und Ausleihe-Codes zu knacken! Via Internet können sie hier heutzutage sogar Vieles bequem vom häuslichen Arbeitsplatz aus erledigen.
- Wenn Sie Ihr Lesetempo erhöhen wollen (*Lektion 9*), sollten Sie in erster Linie für optimale Konzentrationsbedingungen sorgen und sich darin üben, die Blickspanne zu erweitern, aber nicht gleich bis zur Nachbarin!
- Markierungen, Unterstreichungen und Randzeichen (*Lektion 10*) helfen, einen Text übersichtlich zu strukturieren, und ermöglichen es, ihn im Fall eines erneuten Durchgehens wesentlich rascher zu erfassen. Verschonen Sie aber Ihre eigenen Bücher, wenn Sie sie später auf dem Flohmarkt weiterveräußern wollen!
- Textauszüge (*Lektion 11*) sind unerlässliche Vorstufen einer gründlichen Auseinandersetzung mit der einschlägigen Literatur. Aber sie sind keine Kopien! Genau darin liegt ihre - überwindbare - Schwierigkeit: 'Erst kapieren, dann exzerpieren!'
- Unterschätzen Sie die Frage der Themenwahl (*Lektion 13*) nicht! Allzu leicht könnte sich ein nicht ausreichend bedachtes Thema arbeitstech-

nisch als Bumerang erweisen. Wägen Sie die Sache nach verschiedenen Seiten ab: eigenes Interesse, Dozenten- bzw. Prüfersympathien, Bezugspunkte zur intendierten Berufsausrichtung u.a.m. Versuchen Sie dabei allerdings nicht, gleich nobelpreisverdächtige Themen anzugehen!

- Steht das Thema fest, kann die Gliederung (*Lektion 14*) erfolgen. Gliedern Sie systematisch und klar, aber schieben Sie den Beginn Ihrer Niederschrift nicht hinaus, bis Ihre Gliederung endgültig steht! Darüber könnte der Abgabetermin verstrichen sein!
- Beim Schreiben ist wissenschaftliche Redlichkeit (*Lektion 12*) geboten. Dazu gehört es unter anderem, korrekt zu zitieren und den goldenen Mittelweg zwischen renommieranrüchiger Übertreibung und plagiatverdächtiger Zurückhaltung zu finden. Eigene Wertungen sind als solche deutlich zu machen sowie die Themenstellung im Auge zu behalten u.a.m. Vermeiden Sie es, zum Fußnotentausendfüßler zu werden, aber auf mehr als zwei Füßen sollten Sie schon stehen!
- Die Sprache (*Lektion 15*) sollte nüchtern bleiben! Versuche, sich hier als besonders originell zu profilieren und von den 'trockenen Wissenschaftsschreibern' zu unterscheiden, enden nicht selten am Rande der Peinlichkeit! Schreiben Sie so, als ob Sie Ihre Arbeit jederzeit selbst wieder lesen müssten! Und Achtung: *Wenn man im Umgang mit Fremdwörtern nicht konfekt ist, sollte man auch nicht versuchen, damit zu renovieren!*
- Abkürzungen (*Lektion 18*) sollen den Text übersichtlicher und lesbarer machen, aber keine 'puzzles' aufgeben!
- Anmerkungen und Literaturverzeichnisse (*Lektion 16*) sind besonders sorgfältig zu erstellen. Sie müssen nicht nur klar und eindeutig ausfallen, sondern auch in Form und Inhalt einheitlichen Grundsätzen folgen. Dabei kommen besondere Kürzel zum Zuge, die Sie beherrschen müssen. Ein aufmerksamer Blick in die Literatur verrät Ihnen hier allerdings schon das wichtigste: Ein jeder macht doch, was ihm gefällt!
- Das latente Psychodrama, das sich zwischen Text und Fußnote abspielt, sollten Sie grundsätzlich zugunsten des Textes entscheiden! Sollte doch einmal die Fußnote obsiegen: *'Dont worry, be ...!'* Sie wissen schon!

- Internet oder Internjet - das ist längst keine Frage mehr! In *Lektion 17* erfahren Sie die Grundregeln des Internet-Zitats. Auf Online-Quellen wird nach einem internationalen Adressenstandard (URL) verwiesen, der zu befolgen ist. Dabei können Sie sich die diesbezüglichen Einzelheiten allerdings gleich selbst 'downloaden': *"Bin ich schon drin ... - oder was?"*

Wenn Sie nach der Lektüre des Buches feststellen, dass Sie zwar immer noch chaotisch zu Werke gehen, jetzt aber wenigstens wissen *warum*, wäre sein Ziel weitgehend erreicht, denn - wie man weiß: *Einsicht ist der erste Schritt zur Besserung!*

Literaturhinweise

Allgemein zur Arbeits- und Studientechnik

Böttcher, W./Zielinski, J., Wissenschaftliches Arbeiten. Theoretische Grundlagen und praktische Einübung, Düsseldorf 1973

Hasselhorn, M. et al. (Hrsg.), Wirkungsvoller lernen und arbeiten, 6. Aufl., Wiesbaden 1988

Hülshoff, F./Kaldewey, R., Training Rationeller lernen und arbeiten. Technik und Methoden der geistigen Arbeit, 9. Aufl., Stuttgart 1990

dies., Mit Erfolg studieren. Studienorganisation und Arbeitstechniken, 3. Aufl., München 1993

Köder, Kurt W., Studienmethodik. Selbstmanagement für Studienanfänger, 3. Aufl., München 1998

Rösner, Hans Jürgen, Erfolgreich studieren - Einführung in Studientechniken, München 1977

Rückriem, G./Stary, J./Frank, N., Die Technik wissenschaftlichen Arbeitens. Praktische Anleitung, 10. Aufl., Paderborn 1997

Scheibler, Albert, Technik und Methodik des wissenschaftlichen Arbeitens, München 1996

Schräder-Naef, Regula D., Rationeller Lernen lernen. Ratschläge und Übungen für alle Wissbegierigen, 21. Aufl., Weinheim 2003

Seidenspinner, Gundolf, Wissenschaftliches Arbeiten. Techniken, Methoden, Hilfsmittel, Aufbau, Gliederung, Gestaltung, richtiges Zitieren, München 1994

Spoun, S./Domnik, D. B., Erfolgreich studieren. Ein Handbuch für Wirtschafts- und Sozialwissenschaftler, München usw. 2004

Stickel-Wolf, C./ Wolf, J., Wissenschaftliches Arbeiten und Lerntechniken. Erfolgreich studieren - gewußt wie! 3. Aufl., Wiesbaden 2005

Theisen, Manuel R., Wissenschaftliches Arbeiten, 12. Aufl., München 2004

Wagner, Wolf, Uni-Angst und Uni-Bluff. Wie studieren und sich nicht verlieren, Neuauflage, Hamburg 1994

Speziellere Themenbereiche

Becker, Howard S., Die Kunst des professionellen Schreibens. Ein Leitfaden für die Sozial- und Geisteswissenschaften, 2. Aufl., Frankfurt 2004

Böttcher, W./Zielinski, J., Diskussionstechnik - Arbeitsanleitungen für Studium und Selbststudium, Düsseldorf 1974

Eco, Umberto, Wie man eine wissenschaftliche Abschlußarbeit schreibt. Doktor-, Diplom- und Magisterarbeit in den Geistes- und Sozialwissenschaften, 11. Aufl., Heidelberg 2005

Gerhards, Gerhard, Seminar-, Diplom- und Doktorarbeit. Muster und Empfehlungen zur Gestaltung von rechts- wirtschaftswissenschaftlichen Prüfungsarbeiten, 8. Aufl., Bern u. Stuttgart 1995

Haberkorn, Kurt, 88 Tipps für erfolgreiche Redner. Rhetorik einmal ganz anders, 9. Aufl., Grafenau 2003

Ravens, Tobias, Wissenschaftlich mit Word arbeiten, 2. Aufl., München 2004

ders., Wissenschaftlich mit PowerPoint arbeiten, 2. Aufl., München 2004

ders., Wissenschaftlich mit Excel arbeiten, 2. Aufl., München 2004

Roesner, Hans Jürgen, Die Seminar- und Diplomarbeit. Eine Arbeitsanleitung, 6. Aufl., München 1991

Standop, E./Meyer M., Die Form der wissenschaftlichen Arbeit, 17. Aufl., Heidelberg 2004

Zielke, Wolfgang, Schneller lesen - intensiver lesen - besser behalten, 4. Aufl., München 1991

Stichwortregister